Ursula Essling
Lockenkopf III
Das Schicksal hat
nichts zu melden

LOCKENKOPF III

Das Schicksal hat nichts zu melden

Ursula Essling

Taschenbuchausgabe

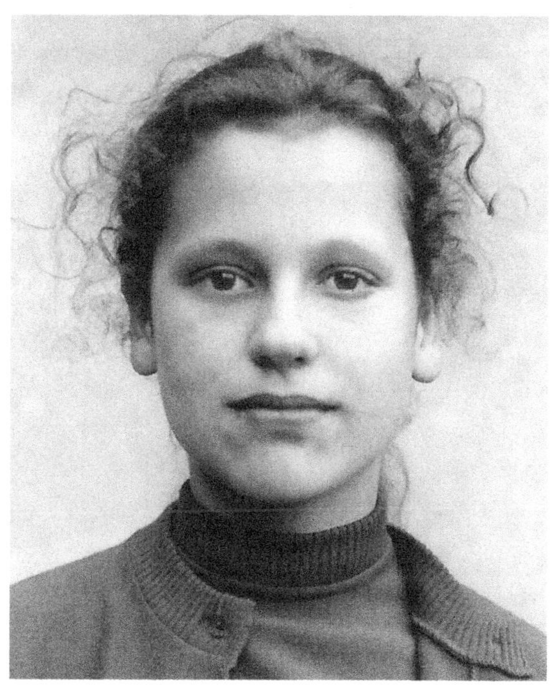

Zu diesem Buch

Dies ist der Folgeband von „Lockenkopf II, Das Lächeln einer Fledermaus".

Jetzt befinden wir uns in der Zeit des „Wirtschaftswunders". Es geht bergauf.

Die Erinnerungen wurden aus der Sicht und dem Rückblick eines Teenagers im Alter zwischen 14 und 15 Jahren aufgeschrieben.

Ein Stück erlebte Zeitgeschichte (1957 – 1958), die bei dem erwachsenen Leser ein Kaleidoskop der Gefühle hervorruft.

Die Namen von Personen, Firmen und Orten wurden geändert.

Ursula Essling, Jahrgang 1943, lebt heute mit Ehemann und zwei Siamkatzen in der Nähe von Frankfurt am Main.

Inhaltsverzeichnis

Figuren / Protagonisten

Wichtigste handlungstragende Personen

Ulrike Scholl:	14 – 15 Jahre alt, schreibt alles auf.
Inge Scholl:	7 Jahre älter, ihre Schwester.
Grete u. Walter Scholl:	Die geplagten Eltern.
Renate:	Ulrikes und Inges Tante.
Herr Lorbach:	Erfahrener Lehrer, ehemaliger Hauptmann mit Silberplatte.
Kathinka Weinheber:	Reisebegleiterin.
Hans Rascher:	Genosse und Leiter eines Ferienlagers.
Amanda, Siegfried u. Hans:	Gruppenleiter im Ferienlager.
Reinhold Jäger:	Ulrikes Lehrherr.
Amalie (Malli):	Seine Frau.
Emilie (Milli):	Zwillingsschwester von Amalie, genannt die „B".
Hans Gruber:	Ulrikes Mäzen
Elisabeth:	Ulrikes beste Freundin und Klassenkameradin.
Ingrid, Regine u. a.:	Ulrikes Klassenkameradinnen.
Jörn:	Chaot und Klassenkamerad Ulrikes.
Peter:	Genie und Klassenkamerad Ulrikes.
Günther:	Philosoph und Klassenkamerad Ulrikes.
Herr Leis:	Ein schüchterner Berufsschullehrer.
Dr. Schilling:	Direktor der Berufsschule.
Frau Gutmann:	Kassiererin und Empfangsdame.
Unser Gerhard:	Ihr Neffe.
Rosalie Mende:	Lehrling im 1. Stock.
Frau Mende:	Eine alleinstehende Frau und Mutter.
Frau Mühlbauer:	Klatschbase von Kattenbach.

Heidi Walter u. a. Kattenbacher

Kollegen, Kunden, Ärzte u. a. Menschen

Ich will die Wiedervereinigung (1957)

Vom Ernst des Lebens hört man die Leute dauernd reden und denkt sich nichts dabei. Aber, es erwischt nun mal jeden. Es packt und beutelt den Ahnungslosen, wie den Ahnungsvollen und drückt ihm seinen Stempel auf. Das nennt man dann Schicksal. Und dieses Schicksal warf dann auch über mich seinen drohenden Schatten und verdunkelte meine Zukunft. Vorbei die Zeit der aufgeschlagenen Knie und der blauen Flecken, vorbei die bittere Süße der Kindheit. Jetzt lernte ich langsam zu schätzen, was es bedeutete, dass man die Verantwortung für seine Person einfach an die Eltern abschieben konnte. Denn von nun an hieß es: Selbst denken, jedenfalls zum Teil.

Gottseidank blieb mir das aber noch erspart, jedenfalls fürs Erste. Ich durfte nämlich ein halbes Jahr länger zur Schule gehen, weil ich noch keine vierzehn Jahre alt war. Oh nein, ich bin nicht sitzen geblieben. Im Gegenteil, Herr Lorbach begrüßte es sehr, dass er mich noch länger genießen durfte. Schließlich gehörte ich noch zur alten Garde, die mehr oder weniger herzerfrischend seinen Unterricht unterstützt hatte. Ich war ein trauriges Überbleibsel der vergangenen Oberstufe, bei der er sich von seinen „Blasen und Nieten" immer erholt hatte. Von mir bekam er eine perfekte Ballade, mit Augenrollen, Seufzern und Betonung. Alles an den richtigen Stellen. Die meisten Schüler leierten den Text nur so runter und wussten gar nicht, was sie da für eine schaurig schöne Geschichte verunstalteten, indem sie diese so stammelnd erzählten. Ich hatte das Buch immer unterm Tisch liegen und lernte das Gedicht, während die anderen mühsam ihre Versionen zum Besten gaben. Aber das brauchte der Lehrer ja nicht zu wissen. Herr Lorbach und ich lieferten uns auch schmissige Dialoge im mündlichen Sachunterricht. Außerdem sorgte ich nach alter Manier öfter mal für unterhaltsame Unterbrechungen des Unterrichts. Dafür war mir der Rest der Klasse sogar dankbar. Wenn Herr Lorbach so nebenbei aus dem Konzept gebracht wurde, erzählte er nämlich furchtbar gern von seiner glorreichen Zeit als Hauptmann im Zweiten Weltkrieg. Während er zum zehnten Mal den Schuss schilderte, der ihm seine

Silberplatte im Kopf eingebracht hatte, konnten wir unseren eigenen Gesprächen nachgehen. Natürlich leise und hinter vorgehaltener Hand. Während ich Herrn Lorbach ab und zu einen bewundernden Blick zuwarf, spielte ich mit Heidi Walter Galgen und freute mich, wenn Heidi das gesuchte Wort nicht einfiel. Denn dann wuchs das Strichmännchen am Galgen und ich konnte mir vorstellen, das sei unser Lehrer beziehungsweise der Herr Hauptmann, aufgehängt von seinen verzweifelten Soldaten. O ja, so etwas war durchaus lehrreich.

Es gab natürlich auch Fächer, bei denen ich mich bescheiden im Hintergrund hielt. Immerhin war ich eine „Schulfreiwillige"!

Ich hatte auch sonst keine Probleme; denn die nachgewachsene Klasse, die ich jetzt besuchte, war mir bestens vertraut. Dafür sorgte schon unser mehrklassiges Schulsystem. Außerdem blieb mir Paul Wolf als Klassenkamerad erhalten, denn der hatte es nach all den Jahren doch noch fertig gebracht, sitzen zu bleiben.

Es war mein letzter Sommer in Freiheit. Ein Sommer mit Eis am Stiel und Hitzefrei, mit Waldmeisterbrause und Himbeerbonbons, mit genussvollem Dösen in der Sonne und Wasserknappheit.

Die Klassenfahrt mit der neuen Oberstufe war auch eine Klasse für sich. Sie führte uns in eine Jugendherberge in die fruchtbare Wetterau. Diese vorsintflutliche Bretterbude wurde von einer dazu passenden Herbergsmutter geführt. Nachdem wir uns heimisch gemacht hatten und der Streit um die oberen Betten beigelegt war, legten wir so richtig los! Die Nacht wurde zum Tag gemacht und war doch die Nacht. Herrlich!

Irgendwie tat mir die Hexenmutter leid. Sie konnte noch so schimpfen, und das tat sie so ausgiebig, dass ihr der Speichel aus den Mundwinkeln tropfte, gegen unseren Radau kam sie nicht an. Aber auch diese Nacht ging rum! Als die Morgenröte ihre sanften Strahlen aussandte, hatten die meisten von uns Halsweh und die Herbergsmutter war heiser.

Tagsüber besichtigten wir die mittelalterlichen Stadtmauern, das herrschaftliche Schloss, in welchem noch echte Fürsten wohnten und die fruchtbaren Felder, wohl wissend, dass hier das nächste Aufsatzthema lauerte. Wer also zu müde war zum Aufpassen, sammelte fleißig Prospekte, um später davon abzuschreiben.

Am Abend saßen die Älteren von uns am Waldrand zusammen. Wir spürten wohl alle irgendwie, dass der kühle Wind, der uns frösteln ließ, auch langsam unsere Jugend verwehte. Es war einfach schön und so still! Ich gab tiefsinnige Sprüche von mir und kuschelte mich fester in meine Strickjacke. Diese, eine Eigenproduktion meiner Mutter, war zwar nicht warm genug, dafür aber zu allen Gelegenheiten zu gebrauchen. Als der Mond majestätisch am hohen Himmel dahin segelte, besangen wir ihn, und kehrten seufzend in das Hexenhaus zurück. Ganz tief drinnen wusste ja jeder von uns, dass er diese besinnlichen Tage niemals vergessen würde.

Auf dieser Fahrt wuchs ich sportlich über mich hinaus und machte meinen Frei- und Fahrtenschwimmer in einem Rutsch. Der vorgeschriebene Sprung vom Einmeterbrett hätte mir eigentlich schon gelangt, aber für den Fahrtenschwimmer war noch ein Dreimetersprung erforderlich. Herr Lorbach tat alles, um uns die Angst vorm Springen zu nehmen. Das gelang ihm aber nicht so ganz. Der Abstand zum Wasser sah nämlich von oben wesentlich höher aus, als das von unten der Fall war. Aber ich sprang! Was für ein Erfolgserlebnis, das ich mit fünf anderen aus meiner Klasse teilte.

Ich war braun gebrannt, denn wir hatten wirklich Sommer, und ich hatte es erstmals fertiggebracht, mir Zöpfe zu flechten. Die Rattenschwänze waren zwar äußerst mickrig und lösten sich immer wieder von selbst auf, aber es waren Zöpfe! Ein mexikanischer Strohhut auf dem Kopf und eine Sonnenbrille im Gesicht krönte das Ganze. So ausstaffiert fühlte ich mich richtig flott und schick. Und frei! Dieses Gefühl, das Wissen darum, frei und jung zu sein, wurde mir in diesem wundervollen Sommer zum ersten Mal so richtig bewusst.

Die Ferien wurden in diesem Sommer auch voll genutzt. Ich verbrachte drei Wochen davon in der Ostzone. Mit Wolfgang Brandt und zwei jüngeren Kindern aus Kattenbach ging es in ein Ferienlager im verwunschenen Erzgebirge. Begleitet wurden wir von einer gemütlichen, halbkommunistischen Frau aus Auenheim, die ihren Enkel mitbrachte, das liebe Kläuschen. Der kleine Klaus ist ein blond gelocktes Engelchen, das es faustdick hinter den Ohren hat. Er könnte glatt Wolfgangs kleiner Bruder sein. Der guckt auch so treuherzig und ist es nicht.

Dies war ein Projekt der Völkerverständigung, das heißt, der Verständigung der Bundesrepublik mit der Ostzone, die aber nicht Ostzone heißen wollte, sondern sich Deutsche Demokratische Republik nannte. Unsere Kunstlederfabrik hatte damals, als Deutschland noch ein Land war, eine Tochterfirma im Sächsischen. Ja, und darauf besannen sich die Sachsen jetzt und luden ein paar Kinder, deren Eltern in der Kattenbacher Fabrik arbeiteten, zu sich ein.

Man fragte mich beiläufig, ob ich Lust hätte. Und ich hatte Lust. Schließlich sagte sogar meine Mutter immer, ich solle es nutzen, wenn ich Gelegenheit bekäme, etwas von der Welt zu sehen. Es war wirklich eine aufregende Sache. Ich musste mir sogar einen Kinderausweis ausstellen lassen. Darauf wurde mir bestätigt, dass ich wirklich ich sei. Ich durfte dieses Dokument auf keinen Fall verlieren, sonst könnte meine Ausreise aus der DDR gefährdet sein. „Die da drüben warten nur auf so was, die brauchen unverbrauchte junge Leute, um ihren Staat aufzubauen!" Dies und noch eine Menge anderes dummes Zeug bekam ich zu hören. Als man mir dann auch noch zu meinem Mut gratulierte, freiwillig in die Ostzone zu fahren, wurde es mir doch ein bisschen mulmig zumute.

Der große Tag kam, die Reise ging los. „Lass Dich nicht aushorchen, rede nicht so viel und lehne Dich nicht aus dem Fenster", meine Mutter lächelte leicht bekümmert und gab mir einen Kuss auf die Wange.

Bis Bebra ging es gut. Wir hatten uns in ein abgeschlossenes Abteil zurückgezogen und grinsten uns in Erwartung der Dinge, die da kommen sollten, verschwörerisch an.

Wolfgang erklärte geheimnisvoll, dass er Ostgeld, also eins zu vier Getauschtes, dabei hatte. „Selbst wenn die Vopos mich durchsuchen sollten, aber das machen sie ja bei Kindern sowieso nicht, die finden das nie!" Er rieb sich genüsslich einen bestrumpften Fuß am anderen.

„Sicher, die fallen ja auch erst mal in Ohnmacht, wenn Du Deine Socken ausziehen musst, bei dem Käsegestank!"

Leiser Neid regte sich in mir. Ich hatte leider nur so viel Westgeld dabei, wie man mitnehmen durfte. Dafür hatte meine korrekte, oder besser gesagt, meine ängstliche Mutter, schon gesorgt. Das musste ich drüben auch noch eins zu eins umtauschen.

„Wir wollen da kein Risiko eingehen, Ulrike, man weiß ja nie!" Ich sah das realistischer. Schwarzgeld war doch auch Geld! Im Vorfeld zu dieser Reise hatte ich von so vielen „sicheren Verstecken" gehört, nicht nur für Geld, sondern auch für Kaffee, Micky Maushefte und Kaugummi. Nur, ich hatte nichts zu verstecken!

Der Rest der Reise war chaotisch, anstrengend und schrecklich. In Bebra warf man uns aus unserem gemütlichen Abteil raus, weil wir keine Platzkarten hatten. Bis Dresden saßen wir im Durchgang des Zuges auf unseren Koffern. Jedes Mal, wenn ich gerade am Einnicken war, musste ein Mitreisender aufs Klo. Das heißt, er stieg über mich hinweg und rempelte mich gründlich an. Das war kein Zug, das war eine Sardinenbüchse. Dazu die übernervösen Reisenden. Viele hatten Angst vor der Grenze. Man schnappte öfter mal Wortfetzen wie diese auf: „Hoffentlich komme ich diesmal rüber. Sie haben mich schon zwei Mal zurückgeschickt! Mein Gott, ich will doch nur meine Mutter besuchen!"

Aus einer anderen Ecke hörte ich die ängstliche Stimme einer Frau: „Hoffentlich lassen sie mich wieder zurück! Ach, wenn ich nicht müsste, keine zehn Pferde brächten mich hierher. Hoffentlich geht alles gut!"

Eine grauhaarige und zerbrechlich wirkende Frau stand am Fenster. Sie blickte unschlüssig in die Nacht, in der irgendwo in der Ferne die Grenze zum anderen Deutschland lag.

„Du weißt, Heinrich, dass ich mich streng nach den Vorschriften richte, niemand soll uns was nachsagen können. Aber meinst Du nicht auch, dass wir zu viele Bananen dabei haben? Iss doch lieber noch eine!"

„Willst Du mich mästen", knurrte der Angesprochene und versuchte, das Fenster im Gang nach unten zu drücken.

Sofort ertönte es von allen Seiten: „Es zieht, lassen Sie das Fenster zu!" Als ob dieser kleine Zug im Zug was geschadet hätte! Man kochte ja förmlich im eigenen Schweiß.

Der Mann, der keine Banane essen wollte, drückte das Fenster wieder hoch. Seine kleine Frau hatte aber immer noch so ihre Bedenken. „Ich habe Cousine Betty einen ganzen Schwung Schnittmuster mit genommen. Ob man die verzollen muss, was meinst Du, Heinrich? In den Merkblättern steht nichts davon!"

Der Mitreisende, der auf seinem Rückweg vom Klo wieder über mich kletterte, grummelte vor sich hin: „Sorgen haben die Leute, Sorgen!"

Bei all diesem Durcheinander schnaufte der Zug ungerührt weiter und fraß Kilometer um Kilometer. Ich bekam jedenfalls kaum etwas mit, als wir die Zonengrenze, Verzeihung, die Grenze zur Deutschen Demokratischen Republik passierten. Nicht einmal mein gut trainiertes „Unschuldig aus der Wäsche gucken" musste ich spielen. Ich verschlief die Zollkontrolle. So einfach war das. Und dann waren wir in Dresden und mussten uns mit unseren unpraktischen, veralteten Koffern durch Menschenknäuel hindurch wühlen. Angelika und Dieter wurden zwischen Wolfgang und mir aufgeteilt. Der große Koffer mit dem kleinen Mädchen entwickelte auch noch ein eigenes Leben, er schlitterte ziemlich unkontrolliert über den Bahnsteig. Mir tat die Kleine leid. Was blieb mir da anderes übrig, als dem spindeldürren Kind auch noch seinen Koffer tragen zu helfen? Über Floh's Gesichtchen liefen sowieso schon Rinnsale und gruben sich ihren Weg durch Schweiß und Schmutz. Das fing ja gut an! Ich hätte vor Zorn geknurrt, wenn ich nicht zu müde dazu gewesen wäre. Der erste Eindruck ist immer der Beste, lautet eine alte Lebensweisheit. Und dies waren meine ersten Eindrücke vom anderen Deutschland! Zwischendurch hörten wir immer wieder Frau Weinhebers schrille, aber durch die ständigen Wiederholungen kraftlos gewordene Stimme: „Bleibt zusammen, lauft hinter mir her! Passt auf die Kleinen auf!" Obwohl der Tag noch jung war, schwitzte sie schon gehörig und zog mit letzter Kraft das müde, griesgrämige Kläuschen hinter sich her.

„Genossin Kathinka?" Ein dürrer Mann kam auf Frau Weinheber zu und lüpfte einen Strohhut, der zu seinen strohblonden Haaren hundertprozentig passte. „Ich soll Euch abholen, Ihr kommt doch aus dem Westen?"

„Hans", stellte er sich vor, „ich bin Hans, Hans Rascher!"

Mit einem Seufzer der Erleichterung reichte ihm Frau Weinheber die eine Hand und nestelte mit der anderen in ihrer Handtasche, um ihren Personalausweis herauszufischen.

„Ja, wir kommen aus Kattenbach", strahlte sie.

Wolfgang grinste mich wölfisch an: „Kathinka heißt die, ich lache mich kaputt!"

Ich musste auch lachen, denn die ganze Zeit im Zug, als wir noch ungestört im Abteil saßen, hatten wir versucht, Frau Weinhebers Vornamen heraus zu bekommen. Jetzt wussten wir, warum sie daraus so ein Geheimnis gemacht hatte. Kathinka heißt man einfach nicht.

Kläuschen machte einen mehr oder weniger erzwungenen Diener. Das wunderte mich, denn schließlich war unser Kontaktmann doch Kommunist. Aber seine Oma hatte ihn gut erzogen, oberflächlich zwar, aber wirkungsvoll. Sie selbst schien von innen zu leuchten, so erleichtert war sie, dass man uns nicht vergessen hatte. Sie brachte ja auch ein großes Opfer, denn die Reise in die Ostzone bedeutete, dass sie drei Jahre nicht in die

USA reisen durfte. Dort hatte sie nämlich eine Tochter. Wenn sie diese sehen wollte, durfte sie keinen Hauch eines wie auch immer gearteten Kommunismus an sich haben. Das hatte sie uns während der behaglichen Phase unserer Reise selbst erzählt. Aber sie hatte ja gerade eine Amerikareise hinter sich. Die war notwendig, da ihre Tochter im Frühjahr ihr zweites Kind bekommen hatte und sie wurde als Oma gebraucht. Jetzt konnte sie mit ruhigem Gewissen eine dreijährige Pause machen. Schließlich kostete so eine Schiffsreise auch ziemlich viel Geld. Also kümmerte sie sich jetzt um Kläuschen und verschaffte ihm und uns schöne Ferien im Land der Werktätigen und Bauern. Frau Weinheber strahlte stets eine wohlwollende Gerechtigkeit aus, linderte harte Worte, war zu jedermann freundlich und trug immer ein schmerzliches Lächeln zur Schau. Letzteres bestimmt, weil ihr sehr wohl bewusst war, dass wir uns immer noch mitten im Kalten Krieg befanden.

Der strohbehütete Hans wandte sich um, musterte mit geübtem Auge den Rest der Truppe und meinte forsch:

„Na, dann gehen wir erst mal frühstücken!"

Mittlerweile regnete es auch noch und der Boden wurde schnell matschig. So nahmen unsere Koffer zu allem Überfluss noch ein nettes Schlammbad. Aber diese markigen Worte gaben uns mit einem Schlag unseren geballten Lebensmut zurück.

Das Frühstück fand in einer Mitropa Gaststätte statt und bestätigte meine ersten Eindrücke vollkommen.

Das Ferienlager war eine Schule, eine richtige, nach Mief, Gelehrsamkeit und den verhallten Seufzern mehrerer Schülergenerationen riechende Schule. Die Klassenzimmer waren vollgestellt mit Feldbetten, die viel zu schmal waren, besonders für Frau Weinheber. Das konnte man Nacht für Nacht erleben, und zwar immer dann, wenn sie sich umdrehte. Da knirschte und knarzte es bedrohlich. Frau Weinheber selbst ächzte auch. Sie hatte einfach Angst, raus zu fallen. Die Koffer schob man der Einfachheit halber unter das Bett und holte sie morgens vor, um sich was anzuziehen. Große Verschämtheit konnte man sich nicht leisten. Die Bettenzahl hatte sich nämlich in etwa an der

Klassenstärke orientiert, also standen jeweils an die dreißig Stück im Zimmer. Alter sechs bis vierzehn, nicht der Betten, sondern der Kinder. Die Betten waren älter, die hatten schon geschichtliche Reife. In unserer Klasse schliefen nur Mädchen. Aufpassen durfte Frau Weinheber. Deshalb hatte man ihr auch zugestanden, dass das Kläuschen neben ihr schlafen durfte. Obwohl er ein Junge war. Und mir wurde die Verantwortung für Angelika aufgebürdet. Umso mehr, als die es fertigbrachte, selbst in dem schmalen Bett klein, ängstlich und hilflos auszusehen. Abends wurde „Gute Nacht" gesagt von den Helfern, dann ging das grelle Deckenlicht aus und man konnte reden. Ich hatte in weiser Voraussicht eine Taschenlampe mitgebracht, denn ich brauchte abends im Bett mein Quantum Lesestoff. Aber ich hatte nicht damit gerechnet, so etwas wie ein Papagei unter Spatzen zu sein. Nicht, weil ich so schillernd gewesen wäre, nein, es war ganz einfach. Ich kam eben aus dem Westen, dem Gelobten Land, in dem man so viele Bananen kaufen konnte, bis man sie rückwärts aß. Und der ganze Saal vibrierte vor Neugier. Alle anderen kamen aus Coswig bei Dresden und kannten sich schon ihr ganzes Leben lang. Und weil sich alle so gut kannten, durften sie auch gemeinsam Ferien machen. Sie kannten auch die Helfer, die freiwillig im Ferienlager ihre Ferien opferten, um die Kinder zu betreuen und sie bei der Fahnenstange zu halten. So erfuhr ich, dass unser Abholer Hans ein verdientes Parteimitglied war. Ein anderer Hans, der den schönen, gesamtdeutschen Namen Schmitt trug, war ein drahtiger Sport- und Russischlehrer, nicht verheiratet und erst sechsundzwanzig Jahre alt. Die älteren Mädchen verdrehten schon die Augen, wenn sie ihn nur mal so von ferne witterten. Karla, die grazile Brünette mit dem verhangenen Blick, seufzte immer, wenn sie ihn sah. Dementsprechend hatte er es auch leicht. Jeder seiner Befehle (er nannte sie selbstverständlich Anordnungen oder sogar Bitten), wurde bereitwillig und in null Komma nichts ausgeführt. Morgens, beim Fahnenappell, noch vor dem Frühsport, warf sich jeder ins Zeug, so gut er konnte, um vor ihm zu glänzen. Auch die Jungen, in deren Schlafsaal er seine Nächte verbrachte. Mit Inbrunst schleuderten sie ihre Bannflüche gegen alle möglichen Klassenfeinde hinter der Fahne her, während sie hochgezogen wurde. Dann rannte die ganze Meute enthusiastisch im „frischen Morgenwind" durch das Gelände. Der flotte Hans immer vorne dran, mit wehenden schwarzen Haaren. Er hatte wirklich etwas von einem Piraten an sich. Aber von einem Feuerroten! Er sprach nicht, er brüllte. Und das so zackig, wie es eben nur ein Anführer oder ein Lehrer kann.

Ich kam immer rechtzeitig zum Frühstück, weil ich die ganzen Spielchen nicht unbedingt mitmachen musste. So genoss ich in aller Ruhe mein Marmeladenbrot und meinen durchsichtigen Kräutertee aus volkseigenem Anbau. Die hungrige Meute fiel immer erst mit Verspätung in den Speisesaal ein, weil sie sich vorher noch duschen musste.

Im Speisesaal thronte unsere Frau Weinheber, die wir jetzt alle Genossin Kathinka nennen sollten. Zu unserem heimlichen Vergnügen und zu ihrem heimlichen Verdruss. Neben ihr saß der andere, der blonde, dürre Hans. Für Ordnung war also gesorgt. Amanda, eine junge Frau mit braunen Locken, einem Grübchen auf der Wange und einem fröhlichen Lachen in ihrem hübschen Gesicht, wieselte zwischen den Tischen herum und passte auf. Also konnte ein Helfer, in diesem Fall eine Helferin, auch hübsch aussehen! Und das in einem Arbeiter- und Bauernstaat! Jeder hatte sie gern. Ich mochte sie auch auf Anhieb! Aber den jüngsten Helfer, der mit seinem warmen Lächeln und den sanften und doch glutvollen Augen einem Filmmagazin entsprungen zu sein schien, den hatte ich noch mehr als gern. Bei dem klopfte mein Herz unkontrolliert und mein Mund wurde trocken, wenn ich ihn nur so nebenbei ansah. Richtig ansehen, so von vorne und ohne was zu denken, konnte ich ihn sowieso nicht. Dann wurde ich knallrot. Und das ganz gewiss nicht aus politischer Überzeugung! Seine kleine Schwester schlief auf der Pritsche neben mir. So hatte ich ein paar Sekunden mehr von ihm, wenn er abends „Gute Nacht" sagte. Denn auch hier zählen Familienbande. Und Siegfried, der in meiner Vorstellung zum wahrhaftigen „Jung Siegfried" wurde, hatte Hannelore, die blond und fein wie Kriemhild wirkte, sehr gern. Sie erzählte mir viel über ihren großen Bruder, auf den sie sehr stolz war. Er war sportlich. Das war ich nicht. Er war überaus musikalisch. Das war ich nicht. Er war begeisterter FDJ'ler. Das war ich auch nicht. Und er war sehr intelligent, Jahrgangsbester in seiner Klasse. Er hatte fest vor, Ingenieur zu werden. Ich hatte mal läuten hören, dass man in der Ostzone nicht unbedingt das werden durfte, was man wollte. Es gab junge Leute, die hätten hervorragende Chirurgen abgegeben, aber aus irgendwelchen Gründen war ihnen dieser Beruf versagt. So mussten sie sich damit zufriedengeben, Friseur zu werden und Haare zu schneiden. Na, immerhin arbeiteten sie auch so mit dem Messer am lebenden Objekt. Hannelore meinte, ihr Bruder würde auf jeden Fall Hoch- und Tiefbau studieren. „Meine Eltern", meinte sie, „sind sehr pflichtgetreue Staatsbürger!" Sie sagte wirklich: „pflichtgetreu!" Also gute Genossen dachte ich. Aber das änderte nichts daran, dass himmelweite Unterschiede zwischen uns klafften. Und doch entwickelte sich ein zartes Pflänzchen in meinem Herzen, das ich mit meinen heimlichen Tränen begoss. Es war so ein Hauch von Frühlingsahnen, eine unbestimmte Sehnsucht in mir, die mich hoffen und bangen ließ. Allerdings wuchs sich das Frühlingsahnen schnell zu einem Wirbelsturm der Gefühle aus. Nämlich immer dann, wenn ich merkte, wie mein Idol ausgerechnet von der süßen Amanda angehimmelt wurde. Und das gefiel ihm auch noch und er himmelte zurück! Da meine furchtbaren Kämpfe sich ganz tief in meinem Inneren abspielten, merkte niemand etwas davon. So lernte ich, mit meinem Schmerz zu leben.

Wir wanderten wenn es regnete, wir wanderten wenn es trüb war, und wir wanderten wenn die Sonne schien. So lernten wir das Erzgebirge kennen. Wir lernten auch, dass, wenn man einen Kirschkern lange im Mund behielt, dieser den Durst verhinderte. So man denn auch nur eine einzige Kirsche hatte, die einen Stein hinterlassen konnte! Obst schien es hier kaum zu geben. Der dürre Hans lächelte, als ich ihn mal daraufhin ansprach. Das Klima sei zu rau. Die verschrumpelten Äpfelchen, die wir manchmal zum Nachtisch bekamen, waren holzig und schmeckten sauer. Aber Hans rief mich manchmal zu sich und steckte mir mit Verschwörermiene einen ganzen, rohen Kohlrabi zu. Und das, obwohl wir, wenn es Kohlrabigemüse gab, immer nur eine Handvoll auf den Teller bekamen. Wohlgemerkt, eine Kinderhand! Das war mir irgendwie peinlich, schließlich wollte ich den Arbeitern und Bauern nicht auch noch ihre Reserven wegessen. Und wenn ich dann, einsam, irgendwo auf dem Gelände, in die Kohlrabi biss, schmeckte sie mir lange nicht so gut wie zu Hause. Das schlechte Gewissen aß nämlich mit. Wir Westler wurden sowieso bevorzugt. Seltsamerweise, ohne den Neid der anderen zu wecken. Ich hatte so meinen Verdacht. Neid, oder besser gesagt, Neid zu zeigen, war strikt verboten. Wir Westdeutschen bekamen auch die Hauptrollen bei dem bunten Abend, den wir am Besuchertag veranstalteten. Ganz egal, wie schlecht wir waren. Als Königin im Dornröschen machte ich mich ja noch ganz gut. Das erhabene Gefühl, eine Krone zu tragen, gefiel mir sehr. Da machte es auch nichts, dass ich mich halb tot schwitzte in dem königlichen Kunststoffgewand aus dem volkseigenen Betrieb in Coswig. Meine Tochter Dornröschen wurde von Hannelore gespielt und die war richtig niedlich. Da die meiste Zeit in diesem Stück geschlafen wird, hatte ich auch nichts weiter zu tun, als still zu sitzen, königlich auszusehen und aufzupassen, wann das allgemeine Aufwachen wieder einsetzte. Da hörte ich, wie Siggi, der einfach so im Publikum saß, seinem Nachbarn etwas zuflüsterte:

„Wenn die Ulrike nicht so jung wäre, könnte man sich glatt in sie verlieben!"

Ich dachte, das Herz bleibt mir stehen. Ansonsten konnte ich überhaupt nicht mehr denken, nur das Eine: „Ich werde älter, das verspreche ich, und dann ..." Ja, was dann? Wir sprachen zwar dieselbe Sprache, lebten aber in zwei verschiedenen Welten. Das hatte ich mittlerweile begriffen, und das Herz tat mir richtig weh bei dem Gedanken.

Der Hofstaat erwachte langsam und ich musste mich auf meine königliche Rolle besinnen. Hundert Jahre waren im Schlaf vergangen. Kommt Zeit, kommt Rat. Wenn die Zeit vergeht, wird man zwangsweise auch älter.

Beim Reporterwettbewerb schilderte ich einen Boxkampf. Ich verstand nicht nur weniger als nichts vom Boxen, ich verabscheute diesen Sport auch, gab aber mein Bestes. Ich kam mit meiner leidenschaftlich vorgetragenen Reportage sogar bis zum Sieg durch k. o. Nachdem ich das Mikrofon falsch gehalten, öfter mal gebrüllt hatte und wie wild herum gestikulierte, wurde ich zum Sieger erklärt und bekam die Medaille. O, es war ein ausgesprochen erfolgreicher Tag gewesen, für uns alle. Wir bekamen viel Applaus von den Eltern. Besonders von Siegfrieds Eltern, die nicht nur ihr Dornröschen beklatschten, das wir uns kurzfristig als Tochter geteilt hatten. Nein, auch die Nebenrollen erhielten viel Lob von ihnen. Und meinen Boxkampf fanden sie so richtig spannend. Nette Leute waren das, richtig lieb. Man merkte ihnen überhaupt nicht an, dass sie Volksgenossen waren. Sie nannten mich doch tatsächlich Fräulein Scholl! Natürlich blühte ich in ihrem Dunstkreis auf und versuchte meine Nervosität zu zügeln. Schließlich waren das Siggis Eltern. „Pflichtgetreue Staatsbürger" hatte Hannelore von ihnen gesagt. Meine Eltern waren das auch, denn sie gingen immer zur Wahl. Mama meinte nämlich, man sei dazu verpflichtet als guter Bürger. Ob man da immer richtig liege mit seinem Kreuzchen, das stünde auf einem anderen Blatt.

Hier aber, im anderen Teil Deutschlands, gingen die Menschen auch wählen. Sie mussten sogar. Aber, letztlich hatten sie doch keine freie Wahl. Denn: was hat man denn schließlich für eine Auswahl, wenn nur eine einzige Partei auf dem Zettel steht? Meine Schwester hatte mir mal erzählt, wie sie mitgekriegt hat, dass an Wahltagen in der DDR, so gegen Abend, Lautsprecherwagen durch die Gegend fuhren, die dann die Säumigen zur Wahl aufriefen. Das hörte sich etwa so an: „Berliner Straße Nummer achtundfünfzig hat noch nicht gewählt, Berliner Straße....Und so weiter. Da wusste sofort jeder, wer sich da drücken wollte und die betreffenden Leute rannten schnellstens in ihr Wahllokal. Das fiel auf!

Lachend und schwatzend schlenderten wir zur „Futterkrippe", und Siggi schlenderte mit Amanda am Arm davon!

Wenn wir abends noch nicht so richtig müde waren, erzählten wir uns gern Geschichten. Erfundene und wahre. Ich verstand mich besonders gut mit Karla, die in meinem Alter war. Sie hatte ein zartes Näschen, große Augen mit dichten Wimpern, die wie Vorhänge aussahen, und sechs kleinere Geschwister. Sie war also das Erzählen gewöhnt. Von ihr hörten wir all die Geschichten von den volkseigenen Helden der Revolution. Die Story vom kleinen Trompeter, der mit einem so mutigen Lächeln fiel, rührte mich besonders. Ich liebte auch das Lied. Unser Ferienlager hieß „Ernst Thälmann" und das war natürlich auch ein Held, und zwar einer, den die Nazis im KZ ermordet hatten. Nazis gab es natürlich immer noch, aber im Westen, wusste Karla zu berichten. Ich hatte es nicht gewusst! Und die „Siechreische Sowjetunion" wimmelte nur so von „Einzischartschen Menschen", die ihr Leben oder ihr Blut, oder beides, der großen Sache geopfert hatten. So was gab es bei uns genau so wenig, wie Bannflüche ausgestoßen wurden. Ich konnte da nicht mithalten. Als ich dann dran war mit Erzählen, war ich arm dran! Aber wozu gibt es griechische Tragödien? Da wimmelt es doch auch nur so von Mord, Totschlag, Schuld und Sühne. Ich erzählte also die schaurig schöne Mär von Agamemnons Heimkehr aus Troja und brachte sie wohl recht gut rüber. Als ich zu der Stelle kam, als Agamemnon nach zehn Jahren Belagerung endlich wohlig zuhause in die Badewanne sank und seine liebe Frau bereits die Axt schärfte, war es mucksmäuschenstill im Saal. Das gefiel mir und ich ließ Agamemnon genüsslich in seinem Netz zappeln. Plötzlich verdunkelte ein Schatten den Eingang. Eine Taschenlampe blitzte auf und wanderte in meine Richtung. Ich zuckte vor Schreck zusammen. Da stand der schwarze Hans, wie der Leibhaftige persönlich, in der Tür, und brüllte zornig:

„Was erzählst Du da?"

Mir verschlug es die Sprache, und ich stotterte irgendetwas. Gleichzeitig packte mich ein hehrer Zorn, schließlich hatte ich eine uralte Sage vorgetragen. Wobei, wenn man es genau nimmt, Ehegattenmord eigentlich zeitlos ist.

Eingedenk dessen, dass Hans Lehrer ist, müsste er eigentlich gebildet sein und über Agamemnon und den Troianischen Krieg und das alles Bescheid wissen. Also versuchte ich, mein Herzklopfen einzudämmen und ihm die Sachlage zu erklären.

„Du hältst Dich in Zukunft zurück", schnarrte er, drehte sich um seine eigene Achse und verkündete:

„Kapitalistischer Blödsinn reinsten Wassers. Schlaft gut!"

Weg war er samt seiner Taschenlampe.

Stille! Nur Karla kroch etwas näher, immer schön vorsichtig, da das Feldbett ziemlich knarzte. Sie kicherte ein bisschen in ihr Kissen und flüsterte:

„Nu, wie geht's weiter?"

Wir machten auch einen Tagesausflug nach Elbflorenz, wie Dresden so poetisch genannt wird. Als ich nachfragte, wann wir endlich in Dresden wären, wurde ich milde belächelt. Wir waren längst in der Innenstadt. Das begriff ich nicht ganz, da die Häuser fehlten. Der Bus fuhr stundenlang durch leere Straßen. Hans Rascher erzählte von den Bombenangriffen während des Krieges. Dresden hatte darunter wie kaum eine andere Stadt in Deutschland gelitten. Unwiederbringliche Kunstschätze hatten die Amerikaner zerstört. Ganz zu schweigen von dem Völkermord auf dem Dresdner Bahnhof, wohin sich die verzweifelte Bevölkerung geflüchtet hatte. Fünfundzwanzigtausend Menschen kamen in einer einzigen Nacht im Bombenhagel um. Das geschah am dreizehnten Februar 1945, also kurz vor Kriegsende.

Der Bahnhof sieht heute wie ein normaler Großbahnhof aus, das kann ich bestätigen, denn auf dem liefen wir rum, als wir im Land der Werktätigen eintrafen. Die Häusertrümmer waren auch aufgeräumt, beziehungsweise weggeräumt, aber alles wirkte so trostlos und leer und machte mich irgendwie traurig. Meine Heimatstadt war im Krieg auch zu neunzig Prozent zerstört worden, wie man immer wieder hörte, aber man konnte förmlich sehen, wie sie wieder wuchs. Unser Lagerleiter erzählte das alles so, dass ich mich irgendwie schuldig fühlte. Er ließ nämlich des

Öfteren einfließen, dass der Westen bei allem ruhig zusehen würde, und wieder ganz dick mit den Amis täte. Ich konnte nichts dafür, aber ganz heimlich in Hinterstübchen freute ich mich, dass ich im Westen zuhause war und wieder dahin zurück fahren konnte. Dort fühlte ich mich freier, weil ich reden konnte, was ich wollte, auch wenn es Unsinn war. Außerdem musste ich mein Gemüse nicht heimlich verzehren, sondern konnte, wenn ich wollte, sogar mit Bananen handeln. Die gab es äußerst selten hier. Und wenn, dann nur auf Zuteilung. Ja, selbst mein Geld, das ich brav eins zu eins umgetauscht hatte, konnte ich nicht ausgeben. Kostbares Meißner Porzellan, für das meine Mutter so schwärmte, durfte man nicht ausführen. Das heißt, kaufen konnte man es schon, aber man durfte es nicht mitnehmen, also außer Landes bringen. Die Schokolade schmeckte fürchterlich, obwohl sie in Dresden erfunden worden war. Auch die übrigen Süßigkeiten ließen zu wünschen übrig. Aus lauter Verzweiflung kaufte ich eine Babydecke für meinen neuen Neffen. Sie war für wärmere Tage bestimmt, da sie aus kühlender himmelblauer Baumwolle bestand und ein Muster aus weißen, hüpfenden Äffchen hatte. Was sollte ich machen, das Geld musste schließlich ausgegeben werden. Wolfgang hatte auch nichts von seinen schwarzen Devisen, außer ab und zu einem heimlichen Bier. Und das hat ihm nicht mal sonderlich geschmeckt.

Der Pavillon des „Zwingers", dessen Überreste zaghaft restauriert worden sind, gefiel mir jedoch sehr. Darin hatte man eine glanzvolle, zurzeit aber leere Gemäldegalerie untergebracht. Dazu gehörte noch ein Wohnschloss, das aber auch den Bomben zum Opfer gefallen war. Die ganze barocke Pracht hatte der Kurfürst August der Starke erbauen lassen. Das war der kraftvollste Herrscher Sachsens, der schnell mal katholisch wurde, damit er nebenbei noch König von Polen werden konnte. Dieser Klassenfeind der ersten Kategorie verkörperte schlechthin alles, was aufrechte Kommunisten hassen. Bei all der Verachtung und dem rechtschaffenen Zorn, den die Menschen diesem Ausbeuter entgegenbrachten, konnte man förmlich spüren, wie sehr dieselben Leute ihren „Schtorken August" liebten. Er konnte nämlich echte Hufeisen verbiegen, aber auch massenhaft Kinder zeugen. Das mit den Kindern, das war ja auch reichlich übertrieben. Es sind nur neun gewesen, und bei diesen neun war sogar der Thronfolger eingerechnet. August hatte auch was für Kultur übrig. Dresden wurde unter seinem Zepter zur „Perle Europas". Die protestantischen Bürger der Stadt, die geschlossen gegen seinen Glaubenswechsel protestierten, durften trotzdem ihre Marienkirche bauen. Bezahlen mussten die Dresdener dieses Wunderwerk aber auch selbst, August war notorisch pleite, weil er in Polen nichts als Krieg, das heißt, ständig Ärger hatte. Der junge Karl, der Zwölfte seines Namens und König von Schweden, kämpfte gegen Peter den Großen. Das Königreich Polen aber war damals mit Russland verbündet. Also waren der Zar und August Freunde. Das wiederum hatten auch die Sachsen auszubaden. Schließlich kostete so ein Krieg viel Geld und die Untertanen wurden auch hier kräftig zur Kasse gebeten. Was für ein Glück, dass der starke August seinen Böttcher hatte. Und das dieser Böttcher zwar kein Gold machen konnte, dafür aber das deutsche Porzellan erfand.

Freunde sind sie jetzt wieder. Nur heißt das jetzt: Die sowjetischen Genossen sind die großen roten Brüder der Bauern und Werktätigen in der Deutschen Demokratischen Republik.

Jetzt spricht man sogar offen davon, das Schloss des Klassenfeindes wieder aufzubauen. Das Elbufer war auch schon wieder schön hergerichtet. Ganz im Sinne Augusts, singend und klingend, und barock. Ja, Sachsen hatte eine Vergangenheit und zwar eine glanzvolle, auch wenn es eine kapitalistische war.

Ein Kunstgenuss ganz anderer Art erwartete uns in Kipsdorf. Ein Heimatabend! Die Veranstaltung fand in einem Wirtshaus statt, das wir von einer unserer Wanderungen kannten. Wir hatten uns dort mal untergestellt, als es wie aus Kübeln goss und wir dem Himmel eine Chance geben wollten, wieder blau zu werden. Was dann auch geschah, aber er wurde doch mehr graublau und nieselte weiterhin verdrießlich. Jetzt jedenfalls war alles aufgeregt, denn wir fuhren mit dem Bus, hatten uns fein gemacht und sahen überhaupt nicht wie Werktätige aus. In dem Wirtshaus gab es eine Bühne für alle, aber für jeden Einzelnen eine Limonade und ein Stück Brot mit Margarine, einer blassen Wurst und einem noch blasseren Stückchen Käse darauf. Die ästhetische Schönheit des Brotes wurde durch einen dekorativen Petersilienstängel abgerundet.

Dann ging das Licht aus, das Publikum verstummte und der Vorhang wehte wie von Geisterhand beiseite. Drei Männer und zwei Frauen in Landestracht begrüßten das herbeigeströmte Volk in der Landessprache. Das Volk, das auch aus Leuten aus dem Ort und der Umgebung bestand, freute sich und grüßte zurück. Wir, das heißt, auch die Sachsenkinder aus dem Ferienlager Ernst Thälmann verstanden kein Wort!

Danach machten sie Musik und sangen traurige Sachen dazu. Man dachte dabei an arme Leute, die, in ihrem Stübchen frierend, an einem Stück Holz herumschnitzten, Hunger in den Augen und Sehnsucht nach Liebe und Wärme in ihren Herzen. Das verstand jeder. Und das gefiel auch den Leuten. Verstohlen sah ich mich um. Karlas dichte Wimpern flatterten verdächtig. Der dürre Hans schnäuzte sich verstohlen, und Siggi – nein, Siggi hatte in seiner Ergriffenheit den Arm um Amanda gelegt. Einfach so, und sie lächelte, ja, sie lächelte ganz entspannt.

Jetzt war mir wirklich zum Heulen!

Die Szene änderte sich jäh. Zuerst erschallten einige Jodler, dann kam die ganze Mannschaft in Lederhosen und Dirndlkleidern auf die Bühne zurück. Die Männer schlugen sich fortwährend auf die Oberschenkel und die beiden Mädchen juchhuten dazu. Dann taten sie so, als kletterten die Burschen bei den Mädchen zum Fenster rein. Aber das war ein ziemlich kläglicher Abklatsch von den hochwertigen Filmszenen, wo echte bayrische Burschen fensterln. Dazu wurde diesmal zünftig gesungen. Es wäre zu schön gewesen, wäre da die Belehrung nicht gekommen. Die Schauspieler erklärten nämlich weitschweifig, dass sie nicht echt seien, es aber so gerne wären. Nämlich vereint, als Bayern und als Erzgebirgler. Schön wäre das und der größte Wunsch jedes Werktätigen ...und natürlich auch der jedes Bauern *(das setzten sie schnell hinzu, weil sie merkten, dass es im Saal vor Landvolk nur so wimmelte).* Das Volk will es. Aber es darf nicht. Die Regierenden in der Bundesrepublik wollen keine Wiedervereinigung! Und die Amerikaner, diese Kriegshetzer, wollen erst recht kein vereinigtes Deutschland!

Mir wurde warm, ich hatte so ein unbestimmtes Gefühl im Nacken, als würde man mich beobachten. Wolfgang wurde wohl auch ins Visier unserer Helfer genommen. Aber, wie ich den kenne, war ihm so was egal. Mit der ihm eigenen Wurstigkeit grinste er weiterhin dümmlich vor sich hin. Hauptsache, ihm ging's gut. Was scherte ihn der Rest der Welt? Ich hoffte allerdings sehr, mein Gesicht würde genau das ausdrücken, und unseren Gastgebern genau das zeigen, was ich mich jetzt zu denken zwang:

„Ich will die Wiedervereinigung!"

Auch bei uns wurde so viel davon geredet. Jeder Politiker nahm dieses Wort bei jeder Gelegenheit in den Mund. Naja, Klappern gehört zum Handwerk und jeder weiß sowieso, dass diese Politiker, egal zu welcher Partei sie gehören, selbst nicht an die Wiedervereinigung glauben.

Jetzt kommen mir selbst so viel Zweifel. Ich muss daran denken, dass beide deutsche Staaten nach ihrem jeweiligen Geschmack wieder vereinigt werden wollen. Wenn es nach uns geht, das heißt, wenn der Westen darüber bestimmen dürfte, dass wir wieder zu einem Volk verschmelzen würden, wäre es ja gut. Andererseits, wenn es nach denen geht, dann sollen wir auch kommunistisch werden. O je, seit ich hier bin, ist mir erst richtig klar geworden, was für ein Glück ich habe, im westlichen Teil Deutschlands geboren zu sein. Der durchsichtige Tee, die ungenießbare Schokolade und all das, worüber ich nicht reden darf. All die herrlichen Bücher, die regelrecht verboten sind. Ja, da fragt man sich doch, ob das Denken noch erlaubt ist. Ich habe jetzt noch die harte Abfuhr vom schönen Hans im Ohr. Schließlich hielt er Agamemnons Ermordung für kapitalistischen Blödsinn reinsten Wassers. Und so was ist noch dazu Lehrer! Das ist das Schlimmste, nicht denken zu dürfen, was man will, obwohl die Gedanken bekanntlich frei sind. Und jetzt fallen mir auch noch Bananen ein, ganze Bündel davon. Ausgerechnet Bananen. Komisch, ich mag diese Früchte nicht mal besonders. Aber, ich kann, wenn ich will, so viel essen, wie ich will. Also, kann man daraus schließen, dass zumindest der Symbolgehalt von Bananen sehr hoch angesetzt wird. Im Osten wie im Westen!

Nur der Siggi, ja, mit dem zusammenzukommen, das wäre natürlich leichter. Genau so leicht wie für Amanda. Jetzt werde ich richtig rot. Mir kommen einfach die falschen Gedanken. Auf meinem Gesicht sollte man jetzt doch ausschließlich lesen können:

„Ich will die Wiedervereinigung!"

Jetzt gibt es noch so ein Trompetensolo, so eines, das einem durch und durch geht. Die übrigen Ensemblemitglieder singen dazu Seufzer. Ab und zu verirrt sich darin noch ein schluchzender Jodler. Nur eines ist mir nicht klar: „Warum wollen die Erzgebirgler ausgerechnet mit den Bayern wieder vereinigt werden?"

Du, mein Erzgebirge, leb wohl! Alles geht mal zu Ende, auch die Ferien in der Deutschen Demokratischen Republik. Man war „Drüben" gewesen und hatte was zu erzählen. Im Hochmoor tat ich heimlich einen Schritt vom Wege, nur um ebenfalls erzählen zu können, dass ich mit einem Bein in der Tschechoslowakei gewesen bin. Ein bisschen traurig war ich schon. Besonders der Abschied von Siggi fiel mir noch schwerer als gedacht. Aber, wir versprachen, uns zu schreiben. Und damit der liebe Siggi auch Wort halten konnte, wollte mir Hannelore ebenfalls schreiben. So wurde ihr Bruder immer an seine Briefschulden erinnert. Das war ganz klar eine Prüfung. Denn, wie heißt es so schön:

"Ein kleines Feuer verlischt in der Ferne, doch ein großes wird durch die Entfernung zu einer lichterlohen Fackel!"

Eine klassische Bewerberfalle

Das größte Ereignis in unserer Familie war das neue Baby, der kleine Sohn meiner Schwester. Er war im Mai auf die Welt gekommen, also noch ganz frisch. Sie stellte ihn eben mal bei uns im Wohnzimmer ab. Der kleine Sonnenschein hatte sich mit seinem ständigen Gebrüll so verausgabt, dass er jetzt schön schläfrig an seinem Schnuller saugte, zufriedene Laute von sich gab und bald einschlafen würde. Klein-Olaf hatte uns alle verändert. Aus Inge hatte er gleichzeitig eine überaus glückliche Mutter und ein überaus reizbares Nervenbündel gemacht. Kein Wunder, sie musste Nacht für Nacht mindestens drei Mal raus, um das Baby zu füttern. Entsprechend schnell wuchs das Kind und mit dem Wachsen wurde auch sein Hunger immer größer. Mich störte das nicht weiter, denn Inge wohnte mit ihrem Sohn in unserer Mansarde. Ihr Ehemann hatte die beiden Zimmerchen liebevoll hergerichtet, nachdem Frau Scholz mit Mann und Baby in eine schöne, große Neubauwohnung umgezogen war. Außerdem haben er und Inge sich als Wohnungssuchende bei der Gemeinde registrieren lassen. Jetzt ist er wieder abgedampft, der liebe Ulrich, um bis auf weiteres in der Schweiz zu arbeiten. Er will aber ganz schnell ein richtiger Kattenbacher werden und, sobald er alles erledigt hat, nach Hause zu seiner Familie kommen. Schließlich freut er sich darüber, dass ihm ein Sohn geschenkt wurde.

Prinz Siddhartha Gautama sah das nicht so. Als man ihm sagte: „Freue dich, ein Sohn ist dir geschenkt", seufzte er nur und meinte, eine Fessel sei ihm geschmiedet. Aber das ist schon zweitausendsechshundert Jahre her und aus dem Prinzen Siddhartha wurde trotz der Fessel der „Buddha", also der „Erleuchtete". Allerdings kann ich mir beim besten Willen nicht vorstellen, das aus Ulrich jemals so ein „Erleuchteter" wird.

Auf jeden Fall fesselt so ein Baby seine Mutter ans Haus. Aber Inge hat zum Glück ja uns! Sogar mir macht es Spaß, den Kleinen in seinem vorsintflutlichen Kinderwagen im Ort herum zu fahren und die unverhohlene Neugier der Kattenbacher zu stillen, oder auch nicht.

„Ach ist das ein süßes Kind, ist es ein Mädchen oder ein Junge?“

Wenn ich dann als Antwort brumme: „Ein Junge“, kommen natürlich die wichtigsten Fragen, nämlich ob es Inges Sohn ist und ob meine Schwester auch verheiratet ist. Es bereitet mir ein boshaftes Vergnügen, keine weiteren Auskünfte über meinen Schwager geben zu können. Die Leute haben erst mal zu schlucken, wenn ich so nebenbei bemerke, dass der Papa des Wonneproppens in der Schweiz lebt. Also wird derselbige schon als geheimnisumwitterter Exot abgestempelt. „Gelt, der ist nicht von hier“, kommt dann die folgerichtige Bemerkung! Ich spüre förmlich die Missbilligung der meisten Frauen, die ernsthaft glauben, meiner Schwester sei ein rechtschaffener Kattenbacher nicht gut genug gewesen. Da lobe ich mir die intelligenten Fragen, die sich in einem: „Ei, ei, ei, wo ist er denn?“ erschöpfen. Klein Olaf grinst die Leute daraufhin meist zahnlos an, als wollte er sagen: Da bin ich doch!“ Manchmal brüllt er auch, und zwar immer dann, wenn die Finger der Erwachsenen allzu dicht vor seinem Gesichtchen rumfuchteln. Man hat es wahrhaftig nicht leicht als frisch gebackene Tante. Der Kleine hat nämlich überhaupt keinen Respekt vor mir. Kaum sind wir allein, fängt er an zu greinen und ich bin schuld daran. Das Einzige, was hilft, ist, ihn raus zu nehmen und zu wiegen und zu hätscheln. Aber das soll ich auf keinen Fall tun. Brüllen soll er aber auch nicht, denn dann fühlt er sich nicht wohl. Was ich auch mache, es ist verkehrt!

Mein Vater schenkte seiner Tochter zwei alte Sessel und ein bisschen Krimskrams, den er schon länger loswerden wollte. Inge braucht auch keine Untermiete zu bezahlen, so kann sie das Geld für ihre künftige Einrichtung sparen. Mein Vater fand sich äußerst großzügig, und solange ihn Klein-Olaf in seinem gewohnten Trott nicht stört, ist er auch ein ganz umgänglicher Opa.

Meine Mutter ist eine ganz tolle Oma, herzt das Bübchen dauernd, spielt mit seinen Fingerchen und bewundert einfach alles, was an ihm dran ist. Natürlich ist er auch das schönste und begabteste Baby der Welt. Ich fand den Kleinen anfangs regelrecht hässlich mit seinem kleinen Greisengesicht und den aufgekratzten Mückenstichen. Meine Mutter meinte aber, das wäre normal, Neugeborene sähen halt erst mal verschrumpelt aus. Und für eine Mutter ist ihr Baby immer schön.

„Also, halte dich zurück, Ulrike, ich habe dich ja damals auch niedlich gefunden!"

Damals hat sie mich niedlich gefunden!

Sie ist regelrecht aufgeblüht und hat überhaupt kein großmütterlich durchfurchtes Gesicht. Jetzt rührt sie mit Behagen in ihrem Kaffee, wirft einen liebevollen Blick auf ihr Enkelkind, schaut mich besorgt an und seufzt:

„Was möchtest Du eigentlich mal werden?"

Aha, ich wurde zur Kenntnis genommen!

Oder auch: Das neue Kind ist da, das alte muss gehen, wie man es nimmt!

Aber jetzt, jetzt bin ich vierzehn und muss was lernen. Aber, was?

Meine alten Klassenkameraden haben diesen Weg schon beschritten. Rita glaubt, dass sie später mal eine Familie haben wird und dass sie dann sparen muss. Deshalb lernt sie Schneiderin. Schön dumm, denn dann darf sie nicht nur die Kleider für ihre Kinder nähen, nein, dann muss sie die nähen!

Die Buben werden in der Regel auch was Praktisches. Handwerk hat ja goldenen Boden, wie es so schön heißt. Die meisten lernen in der Kunstlederfabrik, weil ja ihre Väter auch „Hinten" arbeiten. Nur Kolle sah nicht ein, dass er was lernen soll, wenn er sofort richtig Geld verdienen kann und ging als Anlernling. Harald Grunz wird Holzhändler, weil es zum Förster nicht reicht. Die schöne Helene hat sich entschieden, Industriekaufmann zu werden. Aber, bei ihr ist das sowieso egal, denn sie ist derart talentiert, dass sie sogar als Korbflechterin eine ganz große Karriere machen würde. Was Kaufmännisches ist immer gut. Einige gehen deshalb noch auf die Handelsschule. Wenn mich niemand nimmt, soll ich das auch machen. Ach, der alte Kumpel Paul hat es gut. Der drückt noch ein halbes Jahr länger als ich die gute, alte Schulbank, weil er muss. Aber für mich wird es endlich Zeit. Die Uhr ist endgültig abgelaufen. Ich bin reif fürs Arbeitsleben!

Meine künstlerischen Vorstellungen kann ich nicht verwirklichen. Weder tanzend noch singend, denn ich bin hoffnungslos unmusikalisch. Im Schulchor reichte es gerade für die dritte Stimme, weil da niemand so genau hinhört. Und im Privatleben hieß es immer: „Geh in den Hof und übe“, wenn ich Flöte spielen wollte. Oder: „Fang Deine Lieder alleine an“, wenn ich meine Mutter bei ihren Gesängen mit jugendlichem Elan unterstützen wollte. Beim Tanzen ist es nicht anders, da muss man die betreffende Musik umsetzen können und außerdem noch sehr gelenkig sein. Das bin ich nicht! Leider stamme ich auch nicht von solchen Eltern ab, die mir eine Begabung dieser Art in die Wiege hätten legen können, wie das bei den Scherer-Schwestern der Fall ist. Barbara Scherer ist schon achtzehn und fährt jeden Tag nach Frankfurt. Es heißt, sie studiere Tanz. Andere sagen, sie quäle sich an der Stange ab und sei eine Ballettratte. Sie steht jeden Morgen, so perfekt geschminkt, sodass sie fast schon wieder natürlich aussieht, am Bahnhof und wartet auf ihren Zug. Im Winter friert sie ganz schön, denn ihr Mäntelchen bedeckt gerade mal ihre Knie. Die Füße stecken in modischen Pumps und die wohlgeformten Beine in Nylons. Je kälter es ist, umso mehr Verspätung hat der Zug. Kommt er endlich angeschnauft, ist es drinnen so warm, dass Barbara durch das wechselseitige Frieren und Schwitzen ständig Schnupfen hat. Aber sie kämpft weiter für ihre Karriere. Ihre Mutter war früher einmal eine richtige Tänzerin. Von ihr hat sie die Grazie und das Schweben in anderen Sphären. Ihrem Vater, einem Offizier und Ehrenmann, verdankt sie ihre eiserne Disziplin. Er ist im Krieg gefallen, hat aber diese Disziplin seinen Töchtern vererbt.

Bei der jährlichen Theateraufführung der Auenheimer Mädchenschule hat Felicitas Scherer die Hauptrolle in Schillers „Jungfrau von Orleans“ gespielt. Sie hat nicht nur den ellenlangen Text fehlerfrei auswendig gekonnt, nein, sie entführte das Publikum auch durch ihre vollendete jungfräuliche Hingabe problemlos ins kriegerische Frankreich des fünfzehnten Jahrhunderts. Die Leute haben sich die Hände wund geklatscht. So hingerissen waren sie von Felicitas. Ich weiß das, weil ich die Aufführung gesehen habe. Ich fieberte und litt mit Johanna und sehnte mich so sehr nach den Brettern, die die Welt bedeuten. Ach, wenn ich nur darauf stünde, das wäre der Höhepunkt meines Lebens, das Schönste, was es gibt. Selbst die Rolle der Jungfrau würde ich spielen, obwohl es sich nur um einen Klassiker von Schiller handelt, in welchem die Heldin auch noch verbrannt wird.

Aber für unsereins sind das nur aufgeschäumte Träume. Man träumt beispielsweise auch, dass man plötzlich für den Film entdeckt wird. Aber das entdeckt werden, ja das gibt es wiederum nur im Film. Das heißt, die Filmindustrie lebt davon. Von den Träumen der Leute, meine ich. Deshalb spricht man auch von der Traumfabrik.

Die Bretter allerdings, die für mich und meine Schulkameraden etwas bedeuteten, waren immer eine sehr wacklige Angelegenheit. Im wahrsten Sinne des Wortes. Die Bühne mussten wir nämlich auch selbst bauen, dementsprechend gefährlich war sie für Darsteller und Publikum. Internationale Ehren konnte man darauf auch nicht erringen. Der Ruhm hielt sich in Grenzen, nämlich in denen von Kattenbach.

Da gibt es aber noch andere sehr interessante Berufe, zum Beispiel Archäologe, das ist ein Forscher, der nach verschollenen Schätzen gräbt. Mein Brieffreund Knut hat mir zum Geburtstag mal ein Schneider-Buch geschenkt, das hieß „Schliemann, der Schatzsucher“. Dieses Buch habe ich verschlungen, weil Heinrich Schliemann auch ein ganz armer Junge war, der seit seiner Kindheit davon träumte, das sagenhafte Troja auszugraben. Um seinen Traum erfüllen zu können, ist er erst mal sagenhaft reich geworden. Dann hat er nach Troja gesucht und es in der Türkei gefunden. Damit hat er der ganzen Welt bewiesen, dass es diese Stadt wirklich einmal gab, was mich ganz persönlich riesig freute, da ich die Sagen von Troja sehr liebe. Mir gefällt überhaupt das ganze griechische Altertum, bis zurück in die Bronzezeit. Da gab es nämlich nicht nur edle Helden, sondern auch ganz tolle Heldinnen, und massenhaft Tragödien. Schliemann hat zur Belohnung auch noch den Schatz des Königs Priamos gefunden, jedenfalls hat er das geglaubt. Später hat man jedoch festgestellt, dass dieser Schatz zweitausendvierhundert Jahre älter war, als man ursprünglich annahm. Was hatte Schliemann doch für ein aufregendes Leben! So etwas würde mir auch gefallen. Natürlich ist mir klar, dass man wochenlang bei mörderischer Hitze graben muss, und wenn es dann endlich mal regnet, kommt die reine Sintflut. Schneidende Kälte kriecht einem zur Abwechslung in die Knochen, Schlangen und Skorpione in die Hosenbeine. Und immer bläst der Wind, derselbe, der schon die schöne Helena umwehte.

Behutsam äußere ich mich über die Archäologie. Da antwortet Mama spitz: „Da hättest Du Dich in der Schule aber mehr anstrengen müssen, bleib auf dem Teppich!"

„Ich will aber nicht im Büro arbeiten, um den ganzen Tag Briefe schreiben zu müssen, die stets mit „Hochachtungsvoll" enden, obwohl man die Angeschriebenen nicht mal kennt. Allerdings hatte ich keine besonders klaren Vorstellungen von Büroarbeit, dafür umso bessere von meinen schlechten Stenokenntnissen.

„Ich kann mir auch nicht vorstellen, dass aus Dir mal eine Sekretärin wird. Weißt Du was, ich habe da so eine Idee. Was hältst Du davon, wenn Du Verkäuferin wirst? Die müssen reden können. Und das kannst Du gut. Du redest doch so gerne!"

Verkäuferin? Im Geiste sah ich mich Wurst abschneiden und dabei meinen Finger gleich mit. Ich bemühte mich um einen passenden Gesichtsausdruck und meldete meinen Zweifel an.

Meine Mutter schüttelte den Kopf und meinte aufgeräumt:

„Ach was, Wurst, Käse, nein, ich dachte an schöne Kleider, und was da so dazu gehört. Natürlich in einem erstklassigen Modehaus. Wenn die Dich da nicht nehmen wollen, kannst du es ja immer noch im Kaufhof probieren, die verkaufen auch was zum Anziehen."

Bis jetzt war ich solchen Modehäusern immer ehrfürchtig ausgewichen, weil weder die Damengrößen noch die dazugehörigen Preise für mich in Frage kamen. Für erstere war ich figürlich noch zu unförmig. Und die Preise, naja, die lagen sowieso jenseits von Gut und Böse!

Mein Herz klopfte, meine Hände, die ich in sich gefangen hielt, indem ich sie in meinem Schoß faltete, waren schweißnass. Außerdem juckte es mich an den unmöglichsten Stellen, als ich meinem zukünftigen Chef (wie ich hoffte), bei einem Vorstellungsgespräch gegenübersaß.

Er trug einen grauen Anzug, eine zu seinen Augen passende, blaugrau gemusterte Krawatte und ein weißes Hemd mit gestärktem Kragen. Wenn man seinen Blick etwas abwärts gleiten ließ, sah man auch die blitzblank polierten schwarzen Schuhe. Ich sah ganz gezielt auf den Boden und entdeckte die klassische Falle für Bewerber. Da lag eine Büroklammer auf dem Teppich! Die musste da liegen, denn das hatten wir im Unterricht gelernt. Eine von Schule zu Schule reisende Berufsberaterin hatte uns nämlich darüber aufgeklärt, wie man sich um eine Lehrstelle bewirbt. Ich hob die Büroklammer also ganz nebenbei auf und beobachtete, wie mein Gegenüber diese Aktion scheinbar völlig desinteressiert aus den Augenwinkeln verfolgte.

„Warum möchten Sie denn Verkäuferin werden, Fräulein Scholl?" Diese Frage habe ich natürlich erwartet und mich darauf vorbereitet. Also schaue ich meinem Gegenüber fest in die von freundlichen Runzeln umgebenen blaugrauen Augen und antworte ihm munter und frisch, eben genauso, wie ich mich überhaupt nicht fühle:

„Ich habe so gern mit Menschen zu tun und außerdem finde ich es wunderbar, die Leute modisch beraten zu können. Natürlich muss ich das erst noch lernen und deshalb komme ich ja zu Ihnen!"

„Und Sie glauben, Sie können genau das erlernen?"

Herrn Jägers silbrige Schläfen blitzen vornehm im Licht der Lampe über seinem dunkelblonden, leicht gelichteten Schopf auf. Was für ein feiner Herr. Er spricht langsam, lächelt dabei ab und zu sparsam, aber freundlich und bewegt sich trotzdem irgendwie natürlich. Da komme ich mir noch kleiner vor, ja vollkommen fehl am Platze. Warum muss ich mich auch ausgerechnet im vornehmsten Modehaus der Stadt bewerben?

Ich habe für diese wichtige Angelegenheit das hellgraue Kleid angezogen, das ich zur Vorstellung als Konfirmandin bekommen habe. Dieses Kleid soll mir eine gewisse Vornehmheit verleihen, aber ich hasse es. Es ist so kindisch, obwohl die Taille gehoben wurde. Es lässt mich insgesamt nur noch formloser aussehen, als ich es ohnehin schon bin! Außerdem blüht ein riesiges Furunkel in meinem Mundwinkel. Das Pflaster, das darüber geklebt ist, betont diesen Auswuchs eher noch. Aber ich muss das durchstehen, deshalb lächle ich auch. Jedenfalls, soweit dieses Geschwür ein Lächeln zulässt. Das verflixte Ding tut nämlich auch noch weh.

„Ja, ich kann das lernen. Meine Mutter meint das übrigens auch. Sie sagt immer, ich würde so gerne reden und das wäre sehr wichtig für eine Verkäuferin!" Kaum sind mir diese Worte entschlüpft, werde ich knallrot, schlage die Augen nieder und wünsche mich Gott weiß wohin. Herr Jäger raschelt mit meinen Papieren, schaut sich wahrscheinlich meinen handgeschriebenen Lebenslauf an, der auch nicht anders ist als der von Millionen Mädchen in meiner Situation. Dann hat er da noch mein Zeugnis. Na, so schlecht ist es ja nicht und es besteht ja auch noch Hoffnung, schließlich bin ich noch jung. Außerdem ist das mein erster Versuch, eine Lehrstelle zu bekommen. Ich muss eben tapfer sein und darf nicht gleich die Flinte ins Korn werfen. Ich straffe mich und mein Selbstbewusstsein und warte auf das: „Es tut mir leid, aber…".

Stattdessen gibt er mir ein paar eng bedruckte Blätter und sagt leicht hüstelnd:

„So, das ist ein Lehrvertrag, den nehmen sie jetzt mit nach Hause und lesen ihn gründlich durch, auch das Kleingedruckte! Dann besprechen sie das mit ihren Eltern. Wenn sie dann immer noch bei uns anfangen wollen, bringen sie mir den Vertrag, von ihren Eltern und ihnen unterschrieben, zurück. Dann sehen wir weiter."

Er steht auf und reicht mir die Hand. Ich bin sprachlos und werde schon wieder rot.

„Normalerweise wollte ich ja keinen Lehrling mehr ausbilden", schmunzelt mein zukünftiger Chef, „aber als sie da so ganz allein und couragiert zu mir gekommen sind, habe ich es mir halt anders überlegt!" Damit meint er doch tatsächlich mich! Ich und couragiert? Dabei habe ich doch lediglich meine Angst überwunden!

Ich renne, ach was, ich fliege, es hat auf Anhieb geklappt. Erst als ich durch die Hintertür in das Geschäft komme, zwinge ich mich, zu gehen, da ich die Blicke all der vornehmen Verkäuferinnen auf mir spüre. Schließlich komme ich vom Chef. Und der hat mich sogar die ganze Zeit über mit „Sie" angeredet.

Am ersten Oktober beginnt für mich ein neues Kapitel auf meiner Lebensreise: Ich trete meine Lehre an.

Drei Tage später beginnt ein neues Kapitel für die Menschheit: Die Russen schießen den Sputnik ins Weltall!

Lehrvertrag[1]

Zwischen dem Lehrbetrieb ___Modehaus Jäger OHG.___

in ___Hanau (Main), Nürnberger___ ___ Straße __17_

und dem Lehrling ___________

in ___Hanau (Main),/___ ___ Straße

geb. am ___25. 6. 1943___ in ___Hanau (Main)___

gesetzlich vertreten durch ___ ___ (Vater, Mutter, Vormund)[2] [3]

— zugleich im eigenen Namen handelnd —

in ___Hanau (Main) /___ ___ Straße

wird nachstehender Vertrag zur Ausbildung des Lehrlings im **Lehrberuf** ___Einzelhandelskaufmann___
nach Maßgabe des diesem Vertrag beigefügten Berufsbildes geschlossen:

§ 1 Dauer der Lehre

1. Das Lehrverhältnis dauert __3__ aufeinanderfolgende Jahre, und zwar

   vom ___1. Oktober 1957___ bis ___30. September 1960___
   Wird während der Dauer des Lehrvertrages eine Abkürzung der Lehrzeit vereinbart, so ist hierzu die Zustimmung der Industrie- und Handelskammer erforderlich.

2. Die ersten drei Monate gelten als Probezeit; ihre Verlängerung ist gesetzlich unzulässig. Innerhalb der Probezeit kann das Lehrverhältnis von jedem der beiden Vertragspartner ohne Einhaltung einer Kündigungsfrist und ohne Entschädigungsanspruch aufgelöst werden.

3. Legt der Lehrling vor Beendigung der unter Ziffer 1 vereinbarten Lehrzeit die Lehrabschlußprüfung vor der Industrie- und Handelskammer ab, so endet das Lehrverhältnis mit Ablauf des Monats, in dem die Prüfung bestanden wurde.

4. Entzieht sich der Lehrling der Lehrabschlußprüfung, wird er nicht zugelassen oder besteht er sie nicht, so verpflichtet er sich zu einer Nachlehre, deren Dauer im gegebenen Fall von den Vertragspartnern zu vereinbaren ist. Unterzieht sich der Lehrling vor Beendigung der vereinbarten Nachlehrzeit der Lehrabschlußprüfung (Wiederholungsprüfung) vor der Industrie- und Handelskammer, so endet die Nachlehre mit Ablauf des Prüfungsmonats.

5. Hat der Lehrling wegen längerer Krankheit oder Unfalls oder aus anderen in seiner Person liegenden Gründen während der Lehrzeit mehr als drei Monate im Betrieb gefehlt und wird dadurch das Lehrziel gefährdet, so kann der Lehrbetrieb die Dauer der Lehrzeit entsprechend der Versäumnis verlängern. Er muß diese Verlängerung dem Lehrling und dessen gesetzlichem Vertreter unter gleichzeitiger Verständigung der Industrie- und Handelskammer spätestens drei Monate vor dem Ende der vereinbarten Lehrzeit, oder, wenn die genannte Versäumnis erst innerhalb der letzten drei Monate erreicht wird, unverzüglich schriftlich mitteilen.

§ 2 Pflichten des Lehrbetriebes

Der Lehrbetrieb verpflichtet sich, für eine gewissenhafte Ausbildung und für das Wohl des Lehrlings zu sorgen. Insbesondere verpflichtet er sich:

1. dem Lehrling alle in dem beigefügten staatlich anerkannten Berufsbild aufgeführten notwendigen Fertigkeiten und Kenntnisse zu vermitteln und die Ausbildung sorgfältig zu überwachen,

2. den Lehrling zu anständigem Verhalten und Arbeitsamkeit zu erziehen,

---

1) Wird das Muster des Lehrvertrages für einen Anlernvertrag verwendet, so finden die Begriffe „Lehrling", „Lehrverhältnis", „Lehrzeit" usw. sinngemäß Anwendung.
2) Der Vormund bedarf der Genehmigung des Vormundschaftsgerichts zu einem Lehrvertrag, der für längere Zeit als ein Jahr abgeschlossen ist (§ 1822 Ziffer 6 BGB).
3) Nichtzutreffendes ist zu streichen.

3. nur solche Nebenleistungen zu verlangen, die mit dem Wesen der Ausbildung vereinbar sind,

4. den Lehrling zu regelmäßigem und pünktlichem Besuch der Berufsschule anzuhalten und ihm die dazu erforderliche Zeit zu gewähren,

5. den Lehrling zur Führung des Berichtsheftes anzuhalten und diese zu überwachen,

6. den Lehrvertrag unverzüglich, spätestens bis zum Ablauf der Probezeit, der Industrie- und Handelskammer in zwei Exemplaren, bei Mündeln in drei Exemplaren, zur Eintragung in die Lehrlingsrolle einzureichen und die Kosten hierfür zu übernehmen,

7. der Industrie- und Handelskammer von allen während der Dauer der Lehrzeit etwa eintretenden Aenderungen des Lehrvertrages und gegebenenfalls von seiner vorzeitigen Beendigung unverzüglich Mitteilung zu machen,

8. den Lehrling zur Ablegung der Lehrabschlußprüfung vor der zuständigen Industrie- und Handelskammer anzuhalten, ihn rechtzeitig zur Prüfung anzumelden, ihm die zur Wahrnehmung der Prüfungstermine erforderliche Zeit zu gewähren, die zur Anfertigung der Prüfungsarbeiten notwendigen Hilfsmittel zur Verfügung zu stellen und die Kosten für die Prüfung zu übernehmen.

Die Durchführung dieser Aufgaben ist Sorge des Inhabers bzw. gesetzlichen Vertreters des Lehrbetriebes. Sofern er hierzu persönlich nicht in der Lage ist, verpflichtet er sich, sie einem geeigneten Vertreter (Ausbildungsleiter) zu übertragen, ohne daß er dadurch von seiner Verantwortung befreit wird.

§ 3   Pflichten des Lehrlings

Der Lehrling ist verpflichtet:

1. alles zu tun, um das Lehrziel zu erreichen,

2. seinen Vorgesetzten Gehorsam und Achtung zu erweisen, die ihm übertragenen Arbeiten gewissenhaft auszuführen, sich innerhalb und außerhalb des Betriebes anständig und ordentlich zu betragen sowie die betrieblichen Bestimmungen und die Unfallverhütungsvorschriften einzuhalten,

3. die Berufsschule und auf Verlangen des Lehrbetriebes sonstige der Ausbildung dienende betriebliche und außerbetriebliche Veranstaltungen regelmäßig und pünktlich zu besuchen sowie die Berufsschulzeugnisse dem Lehrbetrieb unverzüglich vorzulegen,

4. berechtigte Belange des Betriebes zu wahren, insbesondere über Geschäfts- und Betriebsvorgänge Stillschweigen zu beobachten, ferner Zuwendungen, die ihm in irgendeiner Form von Dritten zum Zwecke unlauterer Beeinflussung angeboten werden, zurückzuweisen und den Lehrbetrieb hiervon unverzüglich zu verständigen,

5. die ihm vom Lehrbetrieb anvertrauten Werkstoffe und Geräte nur zu den ihm aufgetragenen Arbeiten zu verwenden und sorgsam damit umzugehen,

6. Nebenleistungen zu verrichten, die mit dem Wesen der Ausbildung vereinbar sind,

7. zur Vertiefung der Ausbildung das vorgesehene Berichtsheft zu führen,

8. bei Fernbleiben von der Arbeit, vom Berufsschulunterricht oder von sonstigen vorstehend in Ziffer 3 erwähnten Ausbildungsveranstaltungen dem Lehrbetrieb unter Angabe von Gründen unverzüglich Nachricht zu geben, im Krankheitsfalle am dritten Tag eine ärztliche Bescheinigung einzureichen,

9. sich auf Verlangen und Kosten des Lehrbetriebes durch einen von diesem benannten Arzt auf seinen Gesundheitszustand untersuchen zu lassen und hierüber ein ärztliches Zeugnis beizubringen,

10. keine entgeltliche Nebenbeschäftigung ohne Genehmigung des Lehrbetriebes zu übernehmen,

11. sich zum vorgeschriebenen Termin der Lehrabschlußprüfung vor der Industrie- und Handelskammer zu unterziehen.

§ 4   Pflichten des gesetzlichen Vertreters bzw. des Inhabers der elterlichen Gewalt

Der gesetzliche Vertreter verpflichtet sich:

1. den Lehrling zu Arbeitsamkeit, Treue und gesitteter Lebensführung sowie zur Erfüllung der in diesem Vertrag übernommenen Pflichten anzuhalten,

2. die Bemühungen der mit der Ausbildung und Erziehung des Lehrlings betrauten Personen nach Kräften zu unterstützen,

3. sich durch regelmäßige Nachprüfung des Berichtsheftes von dem Fortgang der Ausbildung zu überzeugen.

Der Inhaber der elterlichen Gewalt haftet neben dem Lehrling für alle vorsätzlich oder durch grobe Fahrlässigkeit vom Lehrling rechtswidrig verursachten Schäden als Selbstschuldner, es sei denn, daß der Lehrbetrieb den entstandenen Schaden durch Vernachlässigung der Aufsichts- und Ausbildungspflicht oder in sonstiger Weise schuldhaft mitverursacht hat.

§ 5   Ausbildungsbeihilfe

1. Die Ausbildungsbeihilfe beträgt unter Beachtung der zur Zeit geltenden Bestimmungen monatlich [4] [5]

| DM 50,— | brutto im 1. Lehrjahr | DM 80,— | brutto im 3. Lehrjahr |
| DM 65,— | brutto im 2. Lehrjahr | DM —,— | brutto im 4. Lehrjahr. |

---

[4] Die Anerkennung des Lehrvertrages durch Eintragung in die Lehrlingsrolle schließt nicht die Bestätigung der Richtigkeit der Ausbildungsbeihilfe mit ein.

[5] Werden anstelle einer monatlichen Ausbildungsbeihilfe Kost, Wohnung und ein Taschengeld gewährt, so muß dies in § 11 besonders vermerkt werden.

Traurige kleine Mumien

Unser Chef hat zwei Frauen. Mit der einen ist er verheiratet, die andere ist die Zwillingsschwester seiner Frau. Besagte Schwägerin ist ebenfalls Teilhaberin der OHG. Also auch eine Chefin. Beide sind kaum größer als ich, haben lila gefärbtes Haar und laufen äußerst zierlich auf Pfennigabsätzen herum. Damit das problemlos klappt, tun sie alles, um ihre 38er Konfektionsgröße beizubehalten. Ein neuer enger Rock wird von der Schneiderin immer noch enger gesteckt und abgenäht. Naja, an den Stellen, wo der Körper bekleidet wird, sieht man ja auch keine Falten.

Fräulein Brunkhorst hat die Strickwolle unter sich. Früher gab es für das „Wolllädchen" noch einen separaten Eingang neben den Schaufenstern in der Seitenstraße. Das weiß ich so genau, weil meine Mutter da immer ihre Wolle kaufte. Da wuschelte mir Fräulein Brunkhorst noch liebevoll durchs Haar und war freundlich zu uns. Heute ist sie nur noch unfreundlich zu mir. Denn jetzt hat sie mich unter ihrer Fuchtel. In der Wollabteilung fängt nämlich meine Ausbildung an. Ich muss jeden Morgen die Bündel setzen. Dazu werden die kleinen Etiketten, die sich mitten in den Strängen, oder auch in den halben Strängen befinden, weil die anderen Hälften verkauft worden sind, herausgenommen. Dann guckt man auf die Seriennummer und die Farbnummer. Beide müssen übereinstimmen, wenn sie zusammen in ein Fach kommen wollen. Das ist viel komplizierter, als es aussieht. Denn: Es können bei original der gleichen Farbe, sagen wir fleischfarben, zwei oder sogar drei verschiedene Seriennummern vorkommen. Lässt man die in einem Fach, werden sie zusammen verkauft. Das ist noch nicht schlimm. Aber das wird es, wenn der Kunde die Wolle verstrickt oder verhäkelt. Da ist dann das Gestrickte auf einmal nicht mehr ganz fleischfarben, sondern hat einen rosa Schimmer. Also muss ich meine Arbeit immer sehr gewissenhaft machen. Außerdem soll man tunlichst nicht sehen, dass ich das Etikett zwecks Überprüfung raus gezerrt habe. Es muss ganz harmonisch und unschuldig aussehen. Langsam habe ich Übung da drin. Aber langsam hasse ich auch die Strickwolle.

Das morgendliche Thekenabwaschen ist nicht so schlimm. Da kann man mit Seidenpapier gut nachpolieren. Jeden Tag kommt Post und es sind immer Pakete mit Waren dabei. Ist die Ware höherwertig, und das ist meistens der Fall, weil wir ja ein führendes Modehaus sind, liegt Seidenpapier dazwischen. Dasjenige, das man glatt streichen muss, benutzen wir zum Putzen. Das andere, das noch glatt ist, kommt an den Packtisch neben der Kasse, damit man darin wieder höherwertige Kleidungsstücke einpacken kann. Das nennt man die wirtschaftliche Seite eines Unternehmens, die sinnvolle Wiederverwendung. Ganz hinten, Richtung Hinterausgang bzw. Personaleingang, oder auch zum Treppenhaus zur Privatwohnung der Jägers und zum Büro, steht eine Marmorfensterbank. Sie ist mit Gummibäumen und ähnlichen Grünpflanzen vollgestellt. Dafür trage ich auch die Verantwortung. Ich muss sie täglich abwischen und die Blumen gießen. Die Pflanzen müssen immer wieder akkurat so hingestellt werden wie zuvor. Mit viel Liebe zum Detail streicht Fräulein Brunkhorst mindestens zweimal wöchentlich mit ihrer Fingerkuppe über die Marmorbank. Dann muss ich antanzen. Sie zückt ihren lila lackierten Fingernagel und dreht ihn um. Bedrohlich nah schießt die Fingerkuppe jetzt auf mich zu. Gleichzeitig krächzt sie mit ihrer ewig heiseren Stimme: „Was ist denn das?"

Wenn ich dann antworte: „Staub", weil ich ja was sagen muss, legt sie so richtig los. Ich weiß ja, dass sie will, dass es Staub sein muss. In Wirklichkeit ist der Staub an ihrem Finger unsichtbar. Eben, weil es ihn gar nicht gibt. Sollte die Fensterbank jemals staubig gewesen sein, so ist dieser Staub längst in meinem Staubtuch gefangen. Sage ich aber mal nichts, weil es nichts zu sagen gibt, dann bin ich verstockt. Dann liest sie mir die Leviten genauso. Das braucht sie, da ist sie in ihrem Element. Mit den Verkäuferinnen kann sie nicht so umgehen. Die sollen sich wohlfühlen. Da bringen sie mehr Umsatz. Alle nennen sie „Die B". Und wenn sie morgens im Anmarsch ist, funktioniert so etwas wie eine drahtlose Telegrafie im Haus. Sogar im ersten Stock, in der Damenkonfektion ist man sofort gewappnet, wenn sie kommt.

Vor ihrem endgültigen Erscheinen verschafft sie den Leuten jedoch noch eine kurze Atempause, weil sie sich um den bissigen Schäferhund kümmert. Dieser Alf ist hinter besagter Marmorbank in einem großen Zwinger untergebracht. Erst muss er mal aufhören zu bellen, dann wird er von Frauchen gestreichelt. Und während er sein Fressen verzehrt, säubert Fräulein Brunkhorst seinen Zwinger höchstpersönlich. Ich habe Angst vor Alf und soll sie auch haben. Ich wurde dem Hund auch niemals als harmlose Ulrike vorgestellt. Alle anderen kennt er. Denn das sind die seriösen Mitarbeiter, ich könnte es ja faustdick hinter den Ohren haben, so neu, wie ich bin.

Frau Jäger ist ganz anders. Ihr Gesicht wirkt etwas weicher als das ihrer Schwester. Das hat seinen Grund. Sie hat es nämlich eher mit der Falschheit. Das sind Emilie und Amalie, besser gesagt: Milli und Malli! Mit der Malli oder Amalie, ist der Chef verheiratet. Aber beherrscht wird er von beiden. Zwischen Woll- und Strumpfabteilung liest er morgens seine Zeitung. Auf dieser Theke hat der Stadtanzeiger nämlich genug Platz und kann richtig ausgebreitet werden. Und um halb neun, wenn wir anfangen, stört ihn auch noch kein Kunde. Ab und an, je nachdem wie er gelaunt, oder wie das Wetter ist, lässt er uns an den Neuigkeiten der Welt teilnehmen. Ich finde, das hat so was familiäres, zumal er die Nachrichten auch öfter kommentiert. So habe ich zum Beispiel von ihm gelernt, dass es weltweit schon an die hunderttausend Computer gibt. Und einen davon haben wir sogar direkt vor der Haustür. Es handelt sich dabei um eine der ersten Ampelanlagen der Stadt. Das Modehaus liegt nämlich an einer Hauptstraße, die sogar eine große geschichtliche Bedeutung hat. Sie galt schon im Mittelalter als bedeutsame Handelsstraße. Die Ampel ist aber noch relativ jung und die Fußgänger nehmen sie deshalb noch nicht allzu ernst. Das heißt, sie rennen auch bei Rot über die Straße. Denn auf der anderen Straßenseite pulsiert auch das Leben. Noch steht nämlich der Kaufhof da. Noch heißt in diesem Fall, dass er demnächst hundert Meter weiter zur Stadtmitte hin neu eröffnet wird. Außerdem befindet sich ein großer Obst-und Gemüsestand jenseits der Straße. Frau Jäger kauft hier sogar persönlich die tägliche Obstration für den Chef ein. Es ist, wie man weiß, ja auch sehr gesund, im Freien seine Geschäfte zu machen, auch wenn es stürmt und schneit. Dafür kann man sich im Sommer während der Arbeit bräunen lassen. Die vielen Autos, die hier vorbei fahren, interessieren niemanden. Apfelsinen und Bananen werden sowieso durch ihre dicken Schalen vor Schadstoffen geschützt und Äpfel kann man schließlich auch schälen. Jedenfalls ist der Stand immer von vielen Menschen umlagert. Und die kaufen auch was. Die Inhaber haben noch zwei Gemüsestände in der Stadt. Sie sind sehr fleißig, weil sie das sein müssen, aber sie sind auch von der Angst gezeichnet, ihre Stände wieder aufgeben zu müssen. Es ist ja so, dass die Grundstücke, die früher mal bebaut waren, bis sie im Krieg kaputt gingen, wieder bebaut werden sollen. Dass es so kommt, wissen sie, aber wann es so weit sein wird, das wissen sie noch nicht.

Neben uns liegt ebenfalls noch ein Trümmergrundstück, in dem es gerade von Bauarbeitern wimmelt. Das heißt, die Ruine wird aufgeräumt, um Platz für ein modernes Haus zu schaffen. Vielleicht kommt ein Schuhgeschäft rein, dann bräuchten unsere Chefinnen wegen neuer Schuhe nicht so weit zu trippeln. Und unsere Kunden könnten sich direkt passende Schuhe zum neuen Kleid kaufen. Vielleicht bauen sie aber auch ein ganz normales Mietshaus. Die Leute müssen ja auch irgendwo wohnen. Es heißt ja immer so schön, dass das Leben weiter geht.

In den Trümmern des zerstörten Hauses haben sie bei den Aufräumungsarbeiten noch zwei Tote gefunden. Nach so vielen Jahren! Die beiden Leutchen hatten offensichtlich während eines Bombenangriffs Schutz in ihrem Keller gesucht. Da wurden sie verschüttet und kamen nicht mehr raus. Der Ort, von dem sie sich Rettung erhofft hatten, wurde letztendlich zur tödlichen Falle für sie. Rundum brannte die Welt und das Paar schrumpfte letztendlich auf Puppengröße zusammen. Zu einem grausigen Zerrbild seiner selbst. Vom Schrumpfen haben sie zum Glück nichts mehr gemerkt. Aufrufe nach überlebenden Angehörigen blieben ergebnislos. Die traurigen kleinen Mumien bekamen aber trotzdem ein christliches Begräbnis in aller Stille. So fanden sie endlich, nach über zwölf Jahren, ihre letzte Ruhe. Aber ich fand lange keine. Die unseligen Gespenster flatterten noch lange in meinen Träumen herum, auch tagsüber. Hier stehen wir mitten im Leben, handeln und wandeln, reden und diskutieren, zumeist über unwichtige Dinge. Und da, direkt nebenan haben sich zwei Menschen an die Hoffnung geklammert, nur zu überleben. Und diese Hoffnung erwies sich als trügerisch, ja sogar als todbringend. Philemon und Baucis, noch beim Sterben vereint. Aber es gibt keinen Gott, der sie in eine Eiche und in eine Ulme verwandelt. Den gibt es nur in der Sage!

Das alles ist grausige Wahrheit und keine Schauergeschichte. In der Zeitung brachten sie fast eine ganze Seite darüber. Herr Jäger las sie uns im vollen Bewusstsein dessen, dass sich die ganze Geschichte im Nachbarhaus abgespielt hatte, vor.

Zu uns kommen die Leute nicht immer rein. Wir sind eben zu teuer. Außerdem schießen unsere Verkäuferinnen auf jeden Kunden zu und wollen ihn ehrlichen Herzens bedienen. Richtig beraten, bedienen und möglichst viel verkaufen. Manche Leute wollen sich aber nur umsehen, was es so alles gibt. Das ist bei uns nicht drin. Das heißt, nur die Amerikanerinnen sind so mutig, „Just looking“ zu sagen und es auch zu tun. Wenn sie so ganz leger durch das Haus gehen, lauert immer eine Kollegin in der Nähe. Ich darf das nicht. Ich darf auch nicht bedienen, sondern muss, auf Anfrage der Kunden immer lächeln und „einen kleinen Moment“ sagen. Dann schwitze ich, wenn niemand frei ist. Wenn der kleine Moment also zum großen Moment wird. Im allergrößten Notfall, an einem Samstag zum Beispiel, kann ich auch schon mal bedienen. Aber da werde ich belauert, und wie. Wehe, die Kundin kauft nichts! Da wird mir eine Standpauke von der „B“ gehalten, die hat sich gewaschen. Ich habe mir das eigentlich nicht so vorgestellt. Ich dachte, mein Redetalent und meine Überzeugungskraft würden gewürdigt und nicht unterdrückt.

Manchmal hilft der Chef auch mit. Habe ich mich neulich gefreut, als er eine Kundin nach ihren Wünschen fragte und sie ihm offen ins Gesicht lachte und einen Büstenhalter verlangte. Knallrot ist er geworden und hat die Frau schnurstracks an Frau Johann abgeschoben. Die ist lieb, alt, hat einen Schnurrbart, einen grauen Dutt und immer noch eine klasse Figur. „Johanna" wird jeden Abend von ihrem Mann abgeholt, der übrigens schon weiße Haare hat und ein richtiger Herr ist. Sie sind erst seit vier Jahren miteinander verheiratet und immer noch ineinander verliebt. Er geht ganz behutsam mit ihr um und behandelt sie wie ein kostbares Einzelstück, das sie im gewissen Sinne ja auch ist. Obwohl sie sagt, was sie denkt und recht burschikos sein kann. Sogar der Brunkhorst gegenüber. Kürzlich, als diese wieder mal an mir rum gemeckert hat, hat Frau Johann ganz wild einen Stoß mit ärmellosen Herrenwesten aus dem Regal gezerrt. Sie hat die schuldlosen Stricksachen auf die Theke geschmissen und voller Wut erneut sortiert. Dabei hat sie laut und vernehmlich geschimpft. Erst war es zwar mehr ein Grummeln, dann wurde sie aber deutlicher und sagte: „Hier geht es ja zu wie auf dem Kasernenhof!"

„Wie meinen Sie das?" Fräulein Brunkhorst blickte irritiert.

„Na, wie ich es sage. Man kommt sich ja vor wie der Schütze A!"

Fräulein Brunkhorst war derart pikiert, dass ihr die Luft wegblieb. Sie musste auch nicht mehr nach einer passenden Antwort suchen. In diesem Moment kam nämlich eine Kundin direkt auf Frau Johann zu und erstickte so deren Minirevolution im Keim.

Ich habe die „urige Johanna" sehr gern. Sie ist auch recht mütterlich, obwohl sie wahnsinnige Angst vorm Kinderkriegen hatte, solange sie jung war und deshalb ihren Herrn Johann erst als alte Jungfer geheiratet hat. Jetzt braucht sie sich um eventuellen Nachwuchs nicht mehr zu sorgen und kann einfach nur glücklich verheiratet sein und auf ihre Rente warten.

Vor unseren beiden großen Schaufensterfronten bleiben viele Leute stehen. Die in edle Marmorverkleidung gepackten Fenster sind immer tadellos dekoriert und geben das verhaltene Künstlertum unseres Chefdekorateurs perfekt wieder. Herr Eisenmann ist schlank, jung und hat blonde Locken. Beide Chefinnen schwänzeln um ihn rum, klimpern mit ihren steif gelackten Wimpern und hofieren ihn, als wäre er wirklich ein Künstler und nicht nur ein Angestellter, der in Lohn und Brot bei ihnen steht. Frau Jäger spricht mit viel Gefühl von seiner Kreativität und lässt ihn sich selbst verwirklichen. Das heißt, er kann so ziemlich machen, was er will. Hauptsache, es sind auch Kleider und alles, was wir sonst noch so verkaufen wollen, in den Fenstern ausgestellt. So gesehen, sind unsere Schaufenster ein Stück Stadtkultur. Allerdings habe ich noch keine öffentliche Führung erlebt. Da wir viele Fenster haben, ich weiß das, weil ich allmorgendlich die Rahmen derselben polieren muss, gibt es auch viel Arbeit. Und da Herr Eisenmann wiederum viel Zeit für die Umsetzung seiner Ideen braucht, wurde ihm ein frisch ausgelernter Dekorateur fürs Grobe zur Seite gestellt. Der ist, obwohl er ganz normal wirkt und auch genau so redet wie wir alle, ein Nachfahre hugenottischer Einwanderer. Als solcher hat er auch einen französischen Namen. Aber niemand sagt „Herr Lammarque" zu ihm, denn so wird der Name ja nicht ausgesprochen, auch auf Französisch nicht. Es ist ganz einfach und es war schon immer so, wenn ein Dekorateur was aus dem Fenster holen soll, wird er aus dem Keller, in dem er gewöhnlich werkelt, gerufen. Und das ist meistens der Jüngere, weil der ja so etwas, also ein dekoriertes Kleidungsstück aus dem Fenster rausholt, ohne nennenswerten Schaden anzurichten, auch kann. Unsere Verkäuferinnen rufen dann ohne Ausnahme genussvoll:

„Herr Lammarsch!"

Das lassen sich die beiden Chefinnen natürlich auch nicht entgehen. Sie rufen ihn nur etwas vornehmer, akzentuieren das „Lamm" und das „Arsch" hintendran stärker.

Man kann sagen, was man will, er kommt zwar immer mit rotem Kopf die steile Treppe hoch, aber er kommt.

Die Dekorationsabteilung, der Frühstücksraum für die Angestellten und die Papierpresse, mussten seinerzeit aus Platzgründen im Tiefgeschoss untergebracht werden. Auch aus finanziellen Erwägungen heraus. Die Leute sagen sowieso, mein Chef hätte sich damals mit dem Bau seines Modehauses total übernommen. Musste die Treppe in den ersten Stock denn unbedingt eine schön geschwungene Freitreppe aus edlem Marmor sein? Und der Fußboden ebenfalls? Schließlich bekommt dieser Tag für Tag unzählige Tritte verpasst! Apropos Marmor. Aus solchem, vielmehr aus Nachahmungen davon, hat Herr Eisenmann kürzlich Büsten von einigen griechischen Göttern in die Fenster gestellt. Ich habe die wunderschönen Köpfe sehr bewundert, als ich sie abstaubte. Besonders gut hat mir Apollo gefallen Ich wusste, dass es Apollo sein musste. Denn erstens war er sehr schön, und zweitens stand sein Name darauf. Da konnte ich nicht anders. Ich musste einfach etwas über diesen Gott erzählen. Eigentlich sagte ich nur, dass diese Lichtgestalt ein Sohn des Zeus sei. Da schnarrte Frau Jäger hinter mir zornig:

„Halten Sie den Mund, Ulrike, davon verstehen Sie nichts. Und überhaupt, Sie sind ja impotent!"

Ich bin es ja gewöhnt, gescholten zu werden, egal was ich sage, oder was ich nicht sage, mache oder nicht mache. Dafür bin ich das Lehrmädchen, stehe also auf der untersten Rangstufe. Oder, wie man so sagt, ich bin das Allerletzte! Das weiß ich ja mittlerweile. Aber jetzt schossen mir doch die Tränen in die Augen. Ich wandte mich ab und schaute in Herrn Eisenmanns Richtung. Der blickte stumm auf die verhängten Fenster und zuckte so komisch mit allem, was man von ihm sah.

Er lachte! Aber nicht über mich, das stellte ich erleichtert fest, als die Chefin weg gerufen wurde. Der Schalk blitzte nur so in seinen blauen Augen, als er mir tröstend den Arm um die Schultern legte.

„Das verstehst Du wirklich noch nicht, aber Du bist ganz bestimmt nicht impotent. Das ist nämlich gar nicht möglich!"

Ich konnte ihn gut leiden, obwohl er ein Künstler war. Am selben Tag schenkte er mir, bevor wir nach der Mittagspause durch das große Hoftor eingelassen wurden, einen Negerkuß. Er klatschte ihn zwar in mein Gesicht, aber das ließ ich mir gerne gefallen. Denn erstens sollte er auch seinen Spaß haben und zweitens konnte man den Negerkuß mit etwas Zungenakrobatik ganz genießerisch ablecken.

Sämtliche Abteilungen des Hauses sollte ich nach und nach absolvieren. Nachdem die Wolle abgehakt oder besser gesagt, zahllose Male umgeschichtet worden war, kam ich zu den Damenstrümpfen. Hier herrschte die „Fischerin". Eine junge Frau mit dunkelblonder Außenrolle, massenhaft Lachfältchen und einem unbändigen Kinderwunsch. Sie nahm mich sogleich unter ihre Fittiche. Da sie der Meinung war, mit Achtzehn könne man doch ein Kind kriegen, behandelte sie mich als solches. Nach meinen Putzaufgaben wurde ich zum Frühstück holen geschickt, was ich laut den „Merkblättern zum Schutze der Jugend" nicht durfte, aber gerne tat. Die Kolleginnen hatten auch so ihre Wünsche, also hatte ich immer einen vollgeschriebenen Zettel für Bäcker und Metzger. Die ganze Sache musste vor dem Eintreffen der „B" erledigt sein. Denn rumschicken durften mich nur die Chefinnen. Das war dann geschäftlich. Selbst wenn ich Insulin aus der Apotheke holen musste. Das Medikament brauchte unser Chef nämlich zum Überleben und wir brauchten unseren Chef.

Zu den beweglichen Besitztümern der Firma gehört ein altes Fahrrad. Es sollte ursprünglich verschrottet werden. Aber Milli und Malli fanden, es wäre doch noch zu etwas zu gebrauchen. So wurde es großzügig mir zur Verfügung gestellt. Damit brause ich nun durch die Stadt und bringe unseren Kunden diverse Auswahlen. Ein, zwei Tage später hole ich die Kleider, die die Leute nicht wollen, wieder ab und kassiere das Geld für die anderen, die sie behalten. Recht oft bekomme ich auch ein Trinkgeld. Das heißt, wenn das Kleid oder was auch immer, neunundneunzig Mark neunzig kostet, bekomme ich einen Hundertmarkschein und ein freundliches Nicken, das besagt, ich dürfe den Rest behalten. Nun, eine Existenz lässt sich mit diesen

Trinkgeldern nicht unbedingt gründen. Aber, es steckt ein guter Wille dahinter, und das rührt mich. Wenn die Auswahl dem Kunden nicht gefällt, nehme ich sie wieder mit zurück. Dafür darf ich dann zu gegebener Zeit, also meistens noch am selben Tag, eine neue Kollektion vorbei bringen. So funktioniert unser vorbildlicher Kundendienst!

Das Fahrrad weiß auch, aus welchem Stall es stammt, denn es ist heimtückisch! Wenn ich die Pakete glücklich auf dem Gepäckträger verstaut habe, muss ich sie mit der linken Hand festhalten, sonst kommt die Fracht ins Rutschen. Habe ich mich endlich mühsam in Position gesetzt, um los zufahren, fällt garantiert die Kette herunter. Ist diese dann mit viel Geduld und Spucke wieder montiert, muss ich mich sehr beeilen, um noch einigermaßen pünktlich bei den Kunden einzutreffen. Die Leute warten nämlich nicht gerne. Das Ganze nennt man dann Termindruck.

Ab und zu gibt es auch mal einen Platten. Glücklicherweise passiert so etwas jedoch meistens auf dem Rückweg, wenn der Gepäckträger sowieso kaum, oder gar nicht mehr beladen ist. Also ist es auch nicht so schwer, das verflixte Vehikel zu schieben. Man braucht nur Geduld. Zeit, mich auf das Geschimpfe einzustellen, weil ich so spät zurückkomme, habe ich ja genug. So sorge ich gleichzeitig dafür, dass der Blutdruck der „B" in die Höhe geht. Wie heißt es doch so treffend: „Jeden Tag eine gute Tat!"

Auf diese Weise lernte ich meine Heimatstadt gründlich kennen. Frau Gutmann erklärte mir immer genau, wo ich was fand. Sie stand normalerweise an der Kasse, korrekt vom Haarknoten bis zu den Gesundheitsschuhen. Frau Gutmann genoss das volle Vertrauen der Chefinnen, weil sie sämtliche Honoratioren der Stadt und alle besseren Leute, die in der jüngeren Stadtgeschichte eine Rolle spielten, persönlich kannte. Frau Doktor hier, Herr Direktor da! Überzeugt von ihrer eigenen Tüchtigkeit, watschelte sie zielstrebig durch das Haus, um auserwählten Kunden ihren unschätzbaren Rat zuteilwerden zu lassen. Bei ihr traute sich niemand, nichts zu kaufen! Aber sie hatte auch etwas Ehrliches an sich. Niemals hörte ich, dass sie den Juniorchef vom Reformhaus mit „Herr Doktor Riese" anredete. Die „B" und Frau Jäger taten das, allerdings mit einer gewissen verschämten Grazie. Der hatte nämlich gar keinen Doktor. Er hieß nur so mit Vornamen, nämlich Karl „Dokter". Wie praktisch, wenn man schon einen Titel, den man sich ansonsten hart erarbeiten muss, von den Eltern in die Wiege gelegt bekommt!

Frau Gutmann hatte auch eine Familie, natürlich eine alteingesessene. Im Zentrum ihres Daseins stand ihr Neffe, der „Unser Gerhard" hieß, Jura studierte, Pfeife rauchte und unglaublich gut aussah.

Wenn um halb eins mittags der Schleier fiel, beziehungsweise die Eingangstür verhängt und zugeschlossen wurde, ging es in die Halbzeit. Dann machte sich der größte Teil der Belegschaft auf in das Café Menger. Das war praktisch, gemütlich und gut und bot einen preiswerten Mittagstisch. Das mit dem „preiswert" kam immer darauf an, von welchem Standpunkt aus man das sah. Von meinem aus ganz gewiss nicht. Ich bekam immer Brote von meiner Mutter mit, die sie mit gutem Gewissen, Wurst und Käse belegte. Dazu drückte sie mir regelmäßig fünfzehn Pfennige für ein kleines Fläschchen Milch in der Milchbar in die Hand. Allerdings leistete ich mir dort öfter mal einen Schokoladepudding mit einem ganz kleinen Klecks Sahne. Der kostete zwar fünfundzwanzig Pfennig, aber ich gönnte mir den Luxus manchmal. Ja, mehr noch. Generös, wie ich eingestellt bin, gab ich der Bedienung meistens noch fünf Pfennige Trinkgeld. Das machte uns mit der Zeit zu Freunden. Sie erzählte mir im Vertrauen von ihren beiden Kindern und das sie es eigentlich nicht nötig hätte, arbeiten zu gehen. Dies aber unbedingt wollte. „Man verrostet ja sonst und, naja, das Leben ist auch nicht mehr das, was es einmal war!" Ihr Chef war ja auch so ungerecht. An dieser Stelle seufzte ich immer, verteilte den Miniklecks Sahne auf dem Pudding und sah mich schwermütig in dem lieblos- kahlen Raum um. Seine Einrichtung bestand aus Vierertischen mit dazugehörigen Holzstühlen. Außerdem hing ein Bild mit einem

Fisch, der ganz allein an einer Angel zappelte, an der lindgrün getünchten Wand. Was das Bild hier zu suchen hatte, blieb mir ein Rätsel. Fisch gab's nämlich keinen hier, nur Milch und Pudding. Mein Seufzen war das Stichwort. Frau Wittmann, die ich aber der Einfachheit immer nur „Fräulein" nennen sollte, bekam dann immer Stielaugen. Sie schniefte leicht fragend und reckte ihre raubvogelartige Nase aufwärts. Zum Zeichen ihrer Spannung kreuzte sie die Arme über ihrem mageren Busen und fragte frisch von der Leber weg nach meinen Chefinnen. Natürlich kannte sie die vom Hörensagen sehr gut, aber auch vom Sehen, schließlich waren die beiden stadtbekannte Persönlichkeiten. Und genau deshalb beließ ich es beim Seufzen. Was hätte ich denn erzählen können, was in der Stadt nicht sowieso die Runde machte? Ich hielt mich sehr zurück, denn ich wusste ganz genau, dass ich massive Gründe zum Seufzen gehabt hätte, wenn ich das nicht getan hätte.

Es gab einmal eine Zeit, lang, lang vor dem Krieg, der in die Geschichte als der „Zweite Weltkrieg" eingehen sollte, da gab es das Modehaus noch nicht. Und mein Chef war noch jung, hübsch und arglos. Er hatte eine gute Stellung als Geschäftsführer in einem führenden Frankfurter Modegeschäft, das ebenso elegant wie teuer war. Hier hatte der schöne Reinhold ein Zuhause, denn der Juniorchef des Hauses war nicht nur sein Freund, nein, dessen Familie beschützte ihn auch noch vor den Unbilden des Lebens. Doch sie taten noch mehr für ihn.

Zwillingsschwestern wurden eingestellt, Erbinnen vom Rhein! Die sollten etwas Nützliches lernen, nämlich, wie man nutzlose Sachen nutzbringend verkauft. Sie entstammten schließlich einer langen Ahnenreihe von Kaufleuten.

Die Jagd begann.

Amalie schoss den Vogel ab. Sie heiratete den arglosen Reinhold, gebar ihm nach gehöriger Zeit eine Tochter und hetzte ihn in die eigene Karriere. Emilie heftete sich an die Fersen von Schwester und Schwager und ihr Geld floss ebenfalls in

Reinholds neugegründete Firma. So wurde die Verschuldung nicht ganz so gigantisch, und die Schwestern hatten das Sagen.

Nach harten Zeiten gehören Milli und Malli jetzt dazu, spielen eine Rolle in der Gesellschaft und tun vornehm. Frau Jäger hat sogar ein Dienstmädchen, ein unverdorbenes vom Land, aber mit Häubchen auf dem Kopf. Die „B" benutzt fürs Grobe in ihrer Wohnung unsere Frau Rumpf. Das ist die Putzfrau, die jeden Morgen die Freitreppe wienert und den Marmor so gekonnt poliert, dass außer mir niemand drauf ausrutscht. Von ihr habe ich auch gehört, dass Fräulein Brunkhorst tatsächlich ein zu ihrer Tagesdecke passendes Buch auf ihrem Nachttisch liegen hat. Daran sieht man, dass sogar die „B" schon eine gewisse Reife erreicht hat. Herr Jäger hat mittlerweile auch Diabetes und fährt jedes Jahr zur Kur in den Schwarzwald.

Das Schicksal hat nichts zu melden

Einmal in der Woche habe ich Berufsschule, den ganzen Tag lang. Zur ersten Stunde wird Religion angeboten. Dieses Angebot müssen wir allerdings nicht unbedingt annehmen. Nämlich dann nicht, wenn die Eltern unterschreiben, dass ihr Kind dem Religionsunterricht fern bleiben kann. Das haben meine Eltern nicht unterschrieben. Also gehe ich vor dem eigentlichen Unterricht ein Stockwerk tiefer in den Keller, um etwas für meine Seele zu tun. Mir gefällt es da. Wir sprechen nicht vom Jesuskind im kalten Winter, sondern von tätigem Christentum, mit dem man anderen Menschen, ob schwarz, weiß, gelb oder rot, helfen kann. Wir diskutieren auch über Verbrechen, seelische Not und Kriege.

Damit wir Toleranz lernen, werden wir über andere Religionen aufgeklärt, die ja auch nicht so ohne sind. Islam und Christentum sind aus dem Judentum hervorgegangen. Aber deshalb sind sich diese Religionen doch nicht grün. Alle drei hüten eifersüchtig ihren „alleinigen Gott". Im Alten Testament ist Gott noch ein fürchterlicher Patriarch, der „Auge um Auge" und „Zahn um Zahn" verlangt. Die Moslems wiederum beginnen ihre Gebete mit „Im Namen Allahs, des Allbarmherzigen. Was sie jedoch nicht daran hindert, im Namen desselben Gottes grausame Verbrechen zu begehen. Aber das gibt es im Christentum auch. Schließlich wurden noch im Ersten Weltkrieg bei allen gegeneinander kämpfenden christlichen Nationen die Kanonen im Namen des Herrn gesegnet. Wie soll sich Gott denn da entscheiden? Ich glaube, in diesem Fall hat Napoleon Recht. Der vertrat ganz unkaiserlich die Meinung, Gott schlüge sich ohnehin auf die Seite der stärkeren Bataillone.

Und doch, Christus predigte Liebe und die ist bekanntlich das Größte. Das kann man übrigens auch beim Apostel Paulus nachschlagen.

Wir kommen uns während der Diskussionen mit unserem Pfarrer alle sehr erwachsen und sehr intelligent vor und verlassen jedes Mal geläutert die Stunde. Leider wird der Religionsunterricht nicht benotet. Man darf unser religiöses

Interesse und schon gar nicht das Wissen darüber bewerten. Das liegt wohl daran, weil wir ein demokratisches Land sind, in dem jeder nach seiner Fasson selig werden kann. Staat und Kirche sind zwei Paar Schuhe. Schade, da hätte man schon mal die Gelegenheit, eine ehrlich erworbene, gute Note zu bekommen. Dann funkt einen der Staat dazwischen.

Genau über dem Religionsraum, im Parterre, ist unser Schulzimmer, gefüllt mit ungefähr fünfundzwanzig Schülern, die mehr oder weniger gelangweilt, ihre Sollstunden absitzen. Wir werden alle gesiezt von den Lehrern, unter uns sagen wir aber „Du“. Die Jungs sind in der Minderzahl, wie sich das gehört. Dafür sind sie aber etwas Besonderes. Von den Fünfen haben drei das Abitur. Also sind sie schon in einem reiferen Alter und entsprechend intelligent. Sie sind „Söhne“. Das sind andere Kinder zwar auch, aber das sind wiederum nur Durchschnittssöhne. Unsere Abiturienten sind privilegiert, weil ihre Eltern das auch sind. Der Vater vom Holger Großkopf zum Beispiel ist Steuerberater und berät den Vater von Peter Hahn, der ein Kaufhaus besitzt. Holger und Peter wurden schon im Sandkasten zu Freunden bestimmt und später zusammen ins Internat gesteckt. Sie wissen genau, was sie wollen. Das Schicksal hat da nichts zu melden! Holger wird zum Kaufhausgeschäftsführer herangezogen. Einem, auf den sich der spätere Chef, das heißt, der Peter, hundertprozentig verlassen kann. Der alte Hahn, also Peters Vater, hat schon vor etlichen Jahren seine Konkurrenz ausgeschaltet. Er kaufte einfach das einzige andere, in seiner Stadt ansässige Warenhaus auf. Kürzlich hat er noch einen darauf gesetzt und ein gut gehendes Textilgeschäft, ebenfalls am Ort, erworben. Das eignet sich hervorragend zum Üben für Peter. Hier kann er seine ersten Lorbeeren gewinnen, das heißt, seine erste Million verdienen. Das ist bekanntlich die schwerste. Mit sechzig will Peter übrigens sterben. Denn er glaubt, dass er in diesem Alter keine Schaffenskraft mehr hat, beziehungsweise keinen Elan mehr zum Geldmachen. Bis dahin wird er ohnehin ein Imperium hinterlassen haben. Das, so glaubt Peter, ist er seinen Vorfahren schuldig. Er entstammt einer Dynastie, die schon seit über zweihundert Jahren in Sachen Mode fest im Sattel sitzt. Angefangen hat einmal alles mit einem kauzigen Schneidermeister, der durch seine Pfiffigkeit und seinen Fleiß manchen blanken Taler beiseitelegen konnte und so den Grundstein für das Familienvermögen schuf. Jede weitere Generation trug daraufhin gewissenhaft zur Mehrung des Wohlstandes bei. Peter ist die Nummer sieben in der Geschlechterfolge. Das bedeutet für ihn:

Traditionen waren, aber gleichzeitig das Geschäft immer weiter auszubauen. Und, ganz wichtig ist es, mit der Zeit zu gehen, ja, ihr möglichst immer ein paar Schritte voraus zu sein. Expansion und Fortschritt! Wenn er so nachdenklich auf seinem Stuhl herumhängt, sich also unbeobachtet fühlt, glühen seine tief liegenden Augen förmlich, und man sieht mit ein bisschen Fantasie die Dollarzeichen in seinen Pupillen funkeln.

Ich will den hassen! Er ist so eingebildet, in sich selbst verliebt und arrogant. Dabei sieht er so toll aus. Richtig halb stark, mit klassischen Gesichtszügen, die niemals entgleisen. Auch nicht, wenn er eine Stunde vor Schulschluss seine Sachen packt und sein Kamerad es ihm gleich tut. Frau Ahrens mag noch so demonstrativ auf ihre Armbanduhr schauen, die Herren gehen trotzdem. Dabei brauchen sie nicht mal mit dem Bus oder dem Fahrrad zu fahren, wie normale Schüler. Peter besitzt nämlich ein Auto, das immer ganz brav zwischen den Drahteseln der Lehrerschaft auf ihn wartet. Es ist zwar nur ein kleiner Sportflitzer, dafür aber ein sehr teurer. Sie verlassen immer diskret das Klassenzimmer, schließen ordentlich die Tür hinter sich und hinterlassen eine Lehrerin, der erst mal die Luft weg bleibt. Nun, die beiden gehen eigentlich nur noch aus Pflichtgefühl in die Berufsschule. Die Lehrer können ihnen doch nichts mehr beibringen. Schon gar nicht, wie es im wirklichen Geschäftsleben zugeht. Manchmal nehmen sie Günther, der im selben Ort wie sie wohnt, auch mit. Aber nur, wenn der wach ist. Das ist auch so eine Marke, blond, pickelig und verschwitzt. Aber ein Philosoph. Er liebt Kant, Nietzsche (Gehst du zum Weibe, vergiss die Peitsche nicht!) und die alten Griechen. Man kann ihn sich gut als Sokrates Verschnitt in einer fleckigen Tunika vorstellen. Niemandem ist so recht klar, wozu der überhaupt den Beruf eines Textilkaufmannes erlernt, geschweige denn, warum er hier sitzt. Er schläft ja doch meistens.

Rolf-Dieter will mal Filialleiter im Kaufhof werden, deshalb lernt er dort. Er sitzt weit entfernt von unserer männlichen Elite, stumm und in sich gekehrt. Dabei ist er so klug, weiß auf alles eine Antwort und ist trotzdem bescheiden. Unsere Klassenlehrerin sieht in ihm ihren Rettungsanker. Wenn sie mal nicht weiter weiß, genügt ein kurzer Blick in Rolf-Dieters Richtung. Er ergänzt dann ihre Worte so einfühlsam, dass ihn die Mehrzahl der Klasse dafür bewundert. Ihn und nicht die, die bewundert werden wollen. Seine magere Gestalt wirkt dezent und unscheinbar. Das Einzige, was an ihm auffällt, ist sein stark auf und ab hüpfender Adamsapfel und die spärlichen blonden Haare, die an seinem Charakterschädel kleben. Und hilfsbereit ist er! Wenn wir eine Arbeit schreiben, werden die nebeneinander sitzenden Schüler immer in zwei verschiedene Gruppen eingeteilt. Damit wird das Abschreiben schon mal verhindert. Das ist zwar fies von den Lehrern, weil Gott nun einmal seine Gaben unterschiedlich verteilt hat, aber auch die Lehrkräfte haben ihre Vorschriften. Rolf-Dieter, der Musterschüler mit Herz, hat eigens ein System erfunden, um seine Mitschüler mit wertvollen Tipps zu versorgen. Diverse Toilettengänge, Uhu Alleskleber und die gelegentliche Rezitation von Bibelversen spielen darin eine Rolle. Jeder hofft also bei einer Klassenarbeit, dass Rolf-Dieter zu seiner Gruppe gehört. Es kommt auch vor, dass Schüler bei einer Arbeit den Platz wechseln. Offiziell, weil es zieht. Inoffiziell aber, um zu Rolf Dieters Gruppe zu gehören. Alle in meiner Klasse sind davon überzeugt, dass aus Rolf Dieter noch mal was wird. Das ist so ein Mensch, der völlig unbemerkt Karriere macht und eines Tages ganz überraschend im Chefsessel sitzt!

Mit schöner Regelmäßigkeit, so alle sechs Wochen, kriegt der lange Jörn seinen Rappel. Und zwar immer dann, wenn wir einen Vertretungslehrer haben. Sein erklärtes Lieblingsopfer ist Herr

Leis, ein schüchterner blässlicher Junggeselle, der der Einfachheit halber täglich seinen Kragen wechselt und deshalb sein Oberhemd eine ganze Woche lang tragen kann. Ich war ganz überrascht, dass es so etwas noch gibt. Sicherlich trägt er auch eine Hemdhose. Die stammt zwar aus Kaisers Zeiten, wird aber immer noch getragen. Man schlüpft (als Mann) von oben durch die Hosenbeine und bugsiert die Arme mit ein paar gymnastischen Übungen in die Ärmel rein. Wenn das Ganze durchgängig vom Hals bis zum Schritt zugeknöpft ist, hat man ein bequemes Unterhosenhemd, das nirgends zwickt und gleichmäßig wärmt. Wir verkaufen so etwas aber nur noch auf Bestellung, gewöhnlich an ächzende Herren mit dicken Bäuchen.

Herr Leis ist genauso, wie er heißt. Leise! Aber er ist auch ein ausgesprochen höflicher Mann, der jedoch mit der heutigen Jugend nicht mehr zurechtkommt. Immer wieder wirft er verstohlene Blicke auf seine Armbanduhr, in der Hoffnung, dass die Zeiger schneller gehen und die Schule aus ist. Außerdem denkt er permanent an seine Pensionierung. Er hat ein paar Vögel, drei oder vier Wellensittiche, jedenfalls eine ganze Vogelfamilie. Die Wellensittiche kennen ihn gut, aber sie lieben ihn trotzdem. Sie senken die Köpfchen und fressen ihm aus der Hand. Das tun seine Schüler nicht. Herr Leis meint es so gut und ist so klug. Aber leider werden er und seine langweiligen Monologe meistens von der ganzen Klasse ignoriert. Man schwätzt und lacht. Die Herren lesen Zeitung. Peter und Holger selbstverständlich den Wirtschaftsteil, der lange Jörn die Todesanzeigen. Dabei wirft er hin und wieder einen hämischen Blick auf den Lehrer. Dieser zieht jetzt, in einem letzten verzweifelten Versuch, Aufmerksamkeit zu erregen, sein großes, blaugrün kariertes Taschentuch aus seiner Hosentasche, schüttelt es aus und schwenkt es in Richtung Klasse.

„Reines ägyptisches Mako, meine Damen, wollen Sie es sich einmal anschauen?" Schnell setzt er hinzu: „Die Herren natürlich auch!" Jörn blickt von der Zeitung auf. Sein knochiger Zeigefinger fixiert das Taschentuch und er rüttelt die ganze Klasse auf, als er ruft:

„Stecken Sie ihre eklige Rotzfahne weg, Sie Schwein!“

Der kleine Mann da vorn schnauft und blickt hilflos in die Runde. Dann besinnt er sich, schließlich gehört er zum Lehrkörper, ist also eine Respektsperson.

„Was erlauben Sie Sich, Sie Sie Lümmel, Sie! Sofort entschuldigen Sie Sich!“

Herr Leis ist puterrot geworden vor Empörung. Dabei weiß er nicht mal, worüber er sich mehr ärgern soll. Darüber, dass dieser impertinente Schüler ihn ein Schwein genannt hat. Oder dass derselbe Kerl das Taschentuch, das erst in der Wäscherei war, und das er seither nur ein oder zweimal benutzt hat, beschimpfte. O ja, er weiß, was eine Rotzfahne ist, schließlich kennt er sich in der deutschen Sprache aus. Auch im Gassenjargon der heutigen Jugend.

„Ich denke nicht daran!“ Jörn macht es sich bequem, das heißt, er lümmelt sich in seinen Stuhl.

„Wenn Sie Sich nicht sofort entschuldigen, fliegen Sie raus!“

Jetzt kommt Stimmung auf. Meine Freundin Elisabeth und ich packen schnell das Sauerkraut, das wir uns ab und zu mal gönnen, weg. So können wir unsere Aufmerksamkeit mehr auf das aktuelle Geschehen konzentrieren. Die Jungs haben ihre Zeitung fast geräuschlos zusammengefaltet. Niemand schwätzt mehr. Jetzt herrscht eine derart unnatürliche Ruhe in der Klasse, dass sogar unser Philosoph davon aufwacht!

Herr Leis spuckt nur ein Wort:

„Raus!“

„Nein!“

Das kommt gefährlich leise. Aber man hört es ganz klar, denn die Klasse ist so mucksmäuschenstill, wie sie es normalerweise bei Diktaten sein sollte, aber nicht ist. Da ertönt er wieder, der verzagte Befehl:

„Raus mit Ihnen und kommen Sie erst wieder rein, wenn Sie bereit sind, Sich zu entschuldigen!"

„Sie können mich mal ..."

Also, das ist zu viel. Herr Leis steht da vorn, die zusammengeknüllte Rotzfahne, Pardon, das Taschentuch, noch in der Hand. Nichts deutet mehr darauf hin, dass es sich bei dem Stück um hochwertiges ägyptisches Mako handelt. Mir tut der hilflose kleine Mann Leid. Anderen sicher auch. Aber keiner traut sich, irgendetwas zu unternehmen, nicht mal die Jungen. Also handeln wir kollektiv feige, tun gar nichts und harren der Dinge, die da kommen sollen.

Da schnauft Herr Leis mit einem letzten Aufbäumen:

„Der Herr Direktor, ich rufe den Herrn Direktor. Sie bleiben alle sitzen!" Mit einer symbolischen Handbewegung umfasst er die ganze Klasse. Wir können eigentlich gar nicht anders, als tatsächlich sitzen zu bleiben. Niemand nutzt die Situation aus. Gebannt starren wir Herrn Leis hinterher, als er fluchtartig die Klasse verlässt. So lange, bis dessen Schritte langsam auf dem Gang verhallen.

Doktor Schilling kann nicht viel ausrichten. Dieser Mann, Herrscher über das Imperium sämtlicher kaufmännischer Schulen der Stadt, begeht den Fehler und spricht Jörn bei „dessen gesundem Menschenverstand" an. Ruhig, sachlich, aber bestimmt. „Finden Sie Ihr Verhalten eigentlich richtig?"

„Gegenfrage, Herr Schilling". Er nennt den Direktor nur Herr Schilling, ohne Doktor, ohne Direktor. Das haben solche Herren im Allgemeinen nicht so gern.

„Finden Sie es richtig, uns einen solchen Lehrer zuzumuten, der nichts kann und noch dazu so ein Ferkel ist?"

Auweia, das hat gesessen, obwohl Herr Leis vom Schwein ja immerhin zum Ferkel geschrumpft ist. Unser Herr Direktor wischt sich mit einem blütenweißen Taschentuch den Schweiß von seiner beginnenden Glatze. Dann versucht er es noch einmal in Güte:

„Sie sind doch erwachsen, neunzehn Jahre alt! Wollen Sie sich nicht auch wie ein Erwachsener benehmen? Vorschlag: Sie entschuldigen sich und wir vergessen das Ganze, Schwamm drüber! Na, was meinen Sie, Kollege Leis, ist das nicht auch in Ihrem Sinn?"

Der putzt umständlich seine Brille und nuschelt, in die Enge getrieben: „Wenn Herr Direktor meinen, dann sehe ich das auch so!" Er verneigt sich ergeben.

„Ich denke nicht daran", faucht der böse Schüler. „Der Rotzfahnenschwenker soll sich gefälligst bei mir und ja, bei der ganzen Klasse entschuldigen. Allein seine Existenz ist eine Beleidigung an sich. Aus so was wie dem alten Stinker hätten die beim Adolf Seife gemacht, dann wäre letztlich doch noch was Sauberes aus ihm geworden!"

Das war der Hammer! Die ganze Klasse ist stumm vor Entsetzen. Sogar Günther ist immer noch wach und schnappt nach Luft, und das ist bei ihm ein Zeichen konzentriertester Aufmerksamkeit.

„Rrraus", brüllt der Direktor, um gefährlich leise hinzuzufügen: „Sonst vergesse ich mich!"

Doktor Schilling hat den Direktorposten bekommen, weil er als Mann des Ausgleichs gilt. Er meisterte, jedenfalls bis jetzt, alle anfallenden Probleme mit Gelassenheit, Freundlichkeit und Sanftmut. Jeder Schüler kann mit seinen Sorgen zu ihm kommen (wöchentliche Voranmeldung erbeten). Dieser Mann bebt und zittert jetzt vor Wut.

„Ich habe hier Hausrecht und von diesem mache ich jetzt Gebrauch! Verschwinden Sie und lassen Sie sich hier nie wieder sehen. Sie sind suspendiert von unserer Schule!"

Jörn mustert den Direktor aufreizend, und grinst unverschämt: „Genau das passt mir. Aber Sie, Herr Schilling, werden noch von mir hören. Als er seine Aktentasche aus dem Pult reißt, fällt der unschuldige Stuhl um und bleibt, von niemandem beachtet, liegen. Jetzt baut sich Jörn direkt vor den beiden Lehrern auf. Der arme Leis fällt noch mehr in sich zusammen, denn der Schüler ist breit gebaut und überragt die Lehrkörper um einiges.

„Raus, oder ich hole die Polizei!"

Unser Direktor hat seine Wut immer noch nicht im Griff. Er zittert wie ein Wackelpudding. Und doch trotzt er dem Feind, alle Achtung. Der lacht sein dreckiges Lachen, dreht sich um und geht. Wir hören noch, wie er brüllt:

„Ehe ich es vergesse, Schilling, was ich Ihnen noch sagen wollte: Götz von Berlichingen, zweiter Akt, zweite Szene!"

Damit war er weg, der Spuk vorbei. Irgendwie fühlten wir uns alle erlöst. So ein Mistkerl, aber seinen Goethe kannte er. Das musste man ihm lassen.

An Unterricht ist an diesem Tag nicht mehr zu denken. Herr Leis, dieses Häufchen Elend wurde vom Direktor zur Aufmunterung in's Lehrerzimmer gebracht und mit Kaffee und, sehr passend, Asbach Uralt, traktiert.

Wir waren uns selbst überlassen. Aber seltsamerweise dachte keiner an Aufbruch, nicht mal die „Herrensöhne". Wir sprachen über den Vorfall. Niemand hatte bislang den leicht senilen Leis ernst genommen.

Peter strich sich nachdenklich übers Kinn:

„Eigentlich ist der Alte doch gar nicht so übel. Mir hat er jedenfalls noch nie was getan. Dabei ist er doch ziemlich klug. Sein Problem ist, dass er es nicht rüberbringen kann!"

„Was, wer kann was nicht rüberbringen?"

„Na, den Stoff, Leis kann sein Wissen nicht vermitteln. Er will es jedem recht machen, hat aber gleichzeitig Angst vor seinen Schülern. Ein alter Trottel, der nicht in unsere Zeit passt! Aber diesen Primitivling mit seinen antiquierten Nazisprüchen sollte man in die Klapsmühle stecken, der ahnt ja nicht mal in seinen kühnsten Träumen, wie blöd er ist!"

Die Stille klickte in unseren Ohren. Wir hatten gerade ein kleines Wunder erlebt. Peter Jahn hatte menschliche Züge und zeigte sie sogar.

Er hatte schon früh seine Mutter verloren und darunter gelitten. Sein Vater brachte jedoch einige Jahre später die Welt wieder in Ordnung, indem er für eine respektable Stiefmutter, samt einem Schwesterchen als Dreingabe sorgte.

Aber aus dem zärtlichen Peterle wurde bald ein harter Peter. Schon mit zwölf Jahren streifte er im elterlichen Kaufhaus herum, kontrollierte unauffällig das Personal, und fertigte Statistiken an, um herauszufinden, wie sich der Umsatz am besten steigern ließe. Überall wo Not am Mann war, sprang er ein. Aber am liebsten stand er an der Kasse. Denn hier bekam er das, was er am liebsten hatte, in die Finger. Geld!

Ich bemerkte zum ersten Mal, dass er ungewöhnliche Augen hatte. Sie waren herbstlich grau mit einem sommerlichen Stich ins Grüne. Und merkwürdig, sie blickten so unerschütterlich unbeteiligt und sahen direkt ins Leere.

Ich war fasziniert. Und fror!

Es blieb bei Jörns Rausschmiss. Der Direktor kam in der nächsten Woche in unsere Klasse, um uns das mitzuteilen. Er erzählte uns auch, nicht ohne heimliche Schadenfreude, dass Jörn schon einmal eine Lehre geschmissen hatte. Und das im dritten Lehrjahr. Er wollte damals Metzger werden und hatte das Fleischermesser wohl etwas unglücklich gehalten, nicht in Richtung „halbe Schweine", sondern eher in Richtung Meister. Dieser kleine Zwischenfall beendete seine Ausbildung vorzeitig und erklärte gleichzeitig sein hohes Alter. Besonders wenn man in Betracht zog, dass er auch schon mal sitzen geblieben war.

Jetzt betrieb er mit einem Freund zusammen, einem stadtbekannten üblen Subjekt, wie Herr Doktor Schilling es ausdrückte, einen Jeansladen. Er verkaufte nur Jeans und das in allen Größen. Für Dicke, Dünne, Lange, Kurze und Normale. Er hatte nicht nur die größte Auswahl an Blue Jeans in der Stadt, sondern auch eine Super Lage, direkt am Marktplatz. Unser Direktor wunderte sich nur, woher das Geld kam. Der Laden florierte. Denn Jeans drücken das neue, amerikanisch inspirierte Lebensgefühl aus.

In unserem Hause, wie auch in allen besseren Modehäusern der Stadt werden keine Jeans verkauft. Das ist vollkommen verpönt. So was trägt man allenfalls zum Camping, oder einer ähnlich robusten Freizeitgestaltung. Denn Blue Jeans heißen frei übersetzt eigentlich Farmerhosen.

Vor etwa hundert Jahren brachte ein bayrischer Jude namens Levi Strauß einen Ballen blauen derben, dicken Tuchs über den großen Teich. Da er ein tapferes Schneiderlein war, und der Stoffballen sein gesamtes Vermögen darstellte, fing er an, daraus Farmerhosen zu nähen. Die gingen weg wie warme Semmeln. Eines Tages hatte er sein Tuch verbraucht. Aber, Levi war gewitzt und in Amerika. Flugs besorgte er sich einen Partner mit Geld und Baumwolle. Die Baumwolle wurde auf „Blue Denim" gedrillt, und weiter ging's mit der Fabrikation der Blue Jeans. 1890 wurde die Firma Levi Strauß und Co. in San Franzisko gegründet und die Blue Jeans trat ihren Siegeszug an und macht seither Generationen von Jugendlichen in aller Welt glücklich.

So eine Karriere gibt's auch nur im Land der unbegrenzten Möglichkeiten. Ein kleiner jüdischer Schneider aus Deutschland brachte es zum Millionär, weil er es verstand, die Bauern richtig anzuziehen. Davon kann unsereins nur träumen.

Ich habe nicht mal eine Jeans!

Süßer die Kassen nie klingeln

Weihnachten kommt immer überraschend. Obwohl man das Datum eigentlich kennen müsste und überall Vorbereitungen getroffen werden. Der Einzelhandel stellt zusätzliche Kräfte ein, Aushilfen, die meistens bis zur Inventur bleiben dürfen. Hier handelt es sich vorwiegend um verheiratete Mütter, die sich was dazu verdienen wollen. Ihre Kinder werden während dieser Zeit an die Großeltern weiter gegeben und ihre Männer müssen ihr Frühstück selber machen. Das ist unbequem, zugegeben. Aber andererseits kann die Ehefrau dann endlich mal am eigenen Leib spüren, wie es ist, sich ihr Brot und die Butter drauf, im Schweiße ihres Angesichtes zu verdienen. Dies wiederum hebt das Selbstwertgefühl der Gattin und Mutter. Sie kann ihrem Mann nicht nur etwas schenken, ohne das Geld dafür vom Haushaltsgeld abzweigen zu müssen. Sie wird auch gebraucht, um fremden Männern Weihnachtsgeschenke zu verkaufen.

Unsere schöne Frau Glaser von der Herrenartikelabteilung hat auch Verstärkung bekommen. Eine Frau, die blond gelockt, hübsch und lieb ist. Dazu ist sie eine echte Wienerin mit dem dazu gehörigen Operettencharme. Sie war früher mal im Hause fest angestellt, zog es aber dann vor, eine Tochter auf die Welt zu bringen und diese aufzuziehen. Doch zum Weihnachtsgeschäft tanzt sie regelmäßig an. Jeder kennt Frau Sommer, jeder mag sie gern, sogar der erste Stock.

Frau Glaser ist so glücklich, dass sie ihre Grenzen überschreitet, in Johannas Refugium wechselt, diese spontan umarmt und ebenso spontan ein paar Pullover packt, um sie schwungvoll in die Höhe zu werfen. Ausgerechnet der Hellgelbe bleibt auf der Neonröhre hängen. Jetzt sieht man erst richtig, dass die Lampe schon seit Urzeiten nicht mehr geputzt worden ist. Der Pullover wird wild ausgeschüttelt und wieder ins Regal gepackt, samt seinem Schmutz. Er verschwindet ganz tief unter seinen sauberen Kameraden. Gerade noch rechtzeitig, denn die Tür klingelt sanft und die„B“ kommt herein. Sie ist immer früher als ihre Schwester im Geschäft, versorgt Alf, der sie freudig bellend begrüßt (wobei ich die bellende Begrüßung vollkommen nachvollziehen kann, aber die freudige?) und geht dann schnurstracks an die Kasse. Je größer der Inhalt derselben, umso besser ist ihre Laune. Wir haben ja Weihnachtszeit, da werden Geschenke gekauft, die zwar zum größten Teil zwischen den Jahren wieder umgetauscht werden, aber jetzt klingelt erst mal die Kasse. Jeder zweite Kunde fragt auch vorsorglich, ob ein eventueller Umtausch möglich ist. Am meisten werden Krawatten umgetauscht. Entweder, weil die Ehefrauen den Geschmack ihrer Männer nicht kennen, oder weil die Herren zu konservativ sind. Im letzteren Fall werden spätestens im neuen Jahr die schicken Schlipse in Ladenhüter umgetauscht. Sehr zur Freude des Chefs, der seltsamerweise um diese Zeit auch immer Klubstreifen trägt.

Die Herrenartikelabteilung hat auch einen echten Herrn, aber nur leihweise, zur Aushilfe. Dieser junge Mann nennt mich Fräulein Ulrike und bittet, man stelle sich vor, er bittet mich, etwas zur Kasse zu tragen, damit er sich dem nächsten Kunden widmen kann. Die Anderen drücken mir was in die Hand und scheuchen mich zur Kasse. Er aber sagt jedes Mal:

„Fräulein Ulrike, würden Sie das bitte mal zur Kasse bringen?"

Da muss man ja Herzklopfen bekommen. Ich bin zwar nur der Flitzer vom Dienst, aber von mir wird Herr Kaufmann immer prompt bedient. Hauptberuflich studiert der junge Mann an der Textilfachhochschule. Bei uns soll er die Praxis kennenlernen. Das gehört sich so für den Sohn eines namhaften Textilfabrikanten, der auch noch mit Jägers befreundet ist. Milli und Malli wieseln auch dauernd um ihn herum. Sie versuchen immer, ihn zum Mittagessen einzuladen, weil er doch so was wie ein entfernter Verwandter, jedenfalls im geschäftlichen Sinne, ist. Doch Herr Kaufmann zieht es auf eine höfliche, aber bestimmte Art vor, mit dem Fußvolk im Café Menger zu speisen. Ach wie gerne wäre ich Fußvolk. Manchmal leiste ich mir das auch. Aber ich muss schwer rechnen, damit mein zusammengekratztes Geld für Mamas Weihnachtsgeschenk reicht. Unvorsichtigerweise habe ich ihr nämlich mal in einem Anfall von Größenwahn versprochen, ihr von meinem ersten selbst verdienten Geld einen Trevirarock zu schenken. Den wünscht sie sich nämlich schon, seit es diesen Stoff gibt. Wir haben welche, klassische, schön dezent karierte. Von einer namhaften Firma. So ein Faltenrock kostet vierundfünfzig Mark und fünfzig. Die engen Röcke kosten zwar fünf Mark weniger, aber meine Mutter steht nun mal auf Falten! Ich verdiene fünfzig Mark im Monat! Davon geht der monatliche Busfahrschein ab, meine spärliche Kleidung und die eine Mark sechzig für die gefüllte Tobler Schokolade an jedem Schuldonnerstag. Man gönnt sich ja sonst kaum was. Aber den Rock bekommt meine Mutter, das habe ich mir fest versprochen. Schließlich kriege ich ja auch noch zehn Prozent Rabatt!

An den verkaufsoffenen Sonntagen möchte ich schon etwas damenhafter wirken, damit Herr Kaufmann sieht, dass ich kein Kind mehr bin. Also ziehe ich meine Pumps Ersatzschuhe an. Die haben einen kleinen eleganten Absatz. Natürlich können diese Schuhe es nicht mit den Bleistiftabsätzen meiner Chefinnen aufnehmen, welche Milli und Malli um zehn Zentimeter wachsen lassen. Ich kann auch gar nicht so trippeln wie die, aber meine Beine wirken durchaus graziös.

Der Bus hat Verspätung, das heißt, er kommt schon enorm verspätet in Kattenbach an. Kein Wunder, denn er ist proppenvoll mit frohgemuten Leuten, die den Advent so richtig für ihre Weihnachtseinkäufe nutzen wollen. In dem warmen Mief, der im Bus vorherrscht, versuche ich verzweifelt, mir einen festen Halt zu verschaffen. Das gehört nämlich zu den Pflichten eines jeden Fahrgastes. Ich hänge an einem Griff, der so hoch ist, dass er mir fast den Arm auskugelt und schleudere dementsprechend bei jeder scharfen Kurve durch den Bus. Klar, der Fahrer hat aufzuholen, aber ich möchte doch ganz gern mit heilen Knochen ankommen. Lieber zu spät als nie! Unten drücken die Schuhe jetzt schon. Das ist normal, denn sie sind neu. Als der Bus mich und einige andere Fahrgäste endlich ausspuckt, entdecke ich Frau Sommer, die schon seit Auenheim mitgefahren ist. Wunderbar, jetzt habe ich Verstärkung. Nach einem freundlichen Kopfnicken meint sie auch, wir sollten uns beeilen. Also renne ich. Nicht lange und ich bleibe in einem Gulli hängen. Mit vereinten Kräften ziehen wir mich raus, nur um festzustellen, dass der Fuß noch dran ist, aber der Absatz nicht!

„Aber ich bitte Sie, das macht doch nichts, der Bus hatte eben Verspätung. Das kann doch mal vorkommen!"

So wird Frau Sommers Entschuldigung von Frau Jäger entgegengenommen. Bei mir klingt das ganz anders:

„Um diese Jahreszeit muss man damit rechnen, dass der Bus Verspätung hat, da fährt man halt einen früher!"

„Der fährt sonntags aber nur alle eineinhalb Stunden", versuche ich es kleinlaut. Tatsächlich wage ich es, von meinem Missgeschick zu erzählen, werde aber nur an Frau Gutmann verwiesen, die mir ein Pflaster gibt. Damit versuche ich, den Absatz zu heilen. Doch der Absatz, der mittels eines Stückchen Leders noch am Schuh hängt, will sich nicht besänftigen lassen. Jetzt flitze ich auf einem Bein, und der andere Fuß muss notgedrungen bei jedem Schritt zwei bis dreimal mithüpfen, damit er mit dem Tempo des anderen mithalten kann.

Nach kurzem Gehüpfe bleibt mir jedoch nichts anderes übrig, als das Pflaster umzufunktionieren. Ich stecke es zwischen Ferse und Kappe, weil da alles aufgerieben ist und ganz blutig.

Selbst Herr Kaufmann kann mich weder aufheitern noch trösten, obwohl er der Einzige ist, der bemerkt, dass ich nicht ganz so gelöst bin wie sonst. Während er mir drei Hemden und zwei Krawatten in die Arme drückt, meint er:

„Sie machen ein so ernstes Gesicht, Fräulein Ulrike, hat man Sie geärgert?"

Ich werde nur rot und schüttle den Kopf. Ärger gehört zu meinem Alltag und lachen kann ich bei den Schmerzen nicht!

Lieber Gott, lass Abend werden, Morgen wird's von selbst!

Süßer die Kassen nie klingeln als zu der Weihnachtszeit. Unser Chef wirkt jetzt immer recht aufgeräumt. Nachdem er seine Zeitung morgens zusammengefaltet hat, harrt er mit froher Miene dessen, was da kommen soll, besser gesagt, der Kunden, die ins heimelig warme Geschäft strömen. Nur ich musste nach wie vor, beziehungsweise mehr noch als zuvor, per Fahrrad ins feindliche Leben, das heißt, ins nasskalte Matschwetter raus. Mir grauste davor. Da fasste ich mir ein Herz und ging zum Chef. Eingedenk der Sprüche meiner Mutter, die immer sagte, man geht nicht zum Schmidtchen, sondern zum Schmidt. Also setzte ich Herrn Schmidt, Pardon, Herrn Jäger, meine Lage auseinander. Ich bat ihn einfach, mit dem Bus fahren zu dürfen. Er war sofort einverstanden.

Als die Pakete mit den Auswahlen gepackt wurden, und ich zwecks Befehlsannahme zur Kasse zitiert wurde, war mir doch recht leicht ums Herz. Diesmal drehte es sich nur um eine einzige Kundin, obwohl für sie der halbe Laden zusammengepackt wurde. Drei elegante Kleider kamen in das Paket: „Eins für die Vorspeise, eins für den Hauptgang, und eines zum Vernaschen", kicherte Frau Gutmann in sich hinein, während sie die guten Stücke vorsichtig in neuwertiges Seidenpapier einschlug. Dazu kamen zwei Schlafanzüge, innen angeraut, diverse Krawatten und ein paar langweilige, aber teure Socken. Das sollten wohl Weihnachtsgeschenke in Auswahl für den Herrn Gemahl sein. „Fahre vorsichtig und passe gut auf das Paket auf, das sind ziemliche Werte", legte mir Frau Gutmann ans Herz.

„Wird schon nichts passieren", beschwichtigte ich die Gute. „Ich fahre ja mit dem Bus!" Als sie mich ungläubig ansah, fügte ich forsch hinzu: „Herr Jäger hat es mir versprochen."

„Sie fahren mit dem Rad!" Frau Jäger giftete mich mit ihrer schnarrenden Stimme an und bohrte mir gleichzeitig einen knochigen Finger vors Gesicht. Dann reckte sie ihr leicht verschrumpeltes Kinn in die Höhe, wohl, um demselben Straffheit zu verleihen, und meinte höhnisch: „Wenn sie sich auch bei Herrn Jäger beschweren!"

Frau Gutmann, die schon die Kasse geöffnet hatte, um das Fahrgeld rauszuholen, wagte es noch, etwas über das schlechte Wetter zu bemerken, aber eine abwehrende Handbewegung der Chefin veranlasste sie, die Kasse ganz schnell wieder zu schließen.

Ich fiel in mich zusammen und machte mich auf den Weg. Mit dem Fahrrad natürlich!

Die Leute wohnten weit draußen in einem Villenvorort. Durch die Alleen brauste der Wind und peitschte die letzten gelben Blätter von den Ästen. Ich fühlte mich den Blättern irgendwie verwandt. Genauso umhergeworfen, vom Wind gezaust und grenzenlos verloren.

Was tat ich mir leid!

Dr. Willibald Grimm stand auf dem Namensschild des wunderschönen alten Hauses mit den vielen kleinen Giebeln, dem halbrunden Vorsprung und der rosenholzfarbenen Tünche. Ein dazu passendes Mädchen öffnete mir die Türe und ließ mich, nachdem ich mir gründlich die Schuhe abgewischt hatte, eintreten. Nachdem ich meinen Spruch herunter geleiert hatte, erschien ein riesiger Schmetterling, der sich als eine platinblond gefärbte, zierliche Frau entpuppte. Mein Gott, dachte ich, um elf Uhr vormittags noch im Morgenrock! Plötzlich musste ich an die Nitribitt denken, deren Mörder immer noch frei herum lief. Ich weiß auch nicht, warum, aber die Gedanken sind nun mal frei, fliegen herum und lassen sich nicht steuern. Ob die Nitribitt sich auch ihre Kleider zur Auswahl bringen ließ? Die war jedenfalls immer top angezogen. Sie trug Klamotten frisch vom Modeschöpfer und nur die ganz teuren Bally Schuhe. Meine Tante Renate hat sie ihr höchstpersönlich verkauft. Mindestens hundert Paar. Es wären wohl noch mehr geworden, wenn die Nitribitt nicht ermordet worden wäre. Renate hat ihren Tod ehrlichen Herzens bedauert, weil diese Kundin immer nett und freundlich war. Menschlich eben! Auch ihr Pudel wurde standesgemäß bei Bally bedient. Er bekam jedes Mal eine exquisite Schale mit klarem Wasser hingestellt. Und er bedankte sich dafür immer mit einem wohlerzogenem „Wuff".

„Haben Sie mir alles gebracht, worum ich gebeten habe? Das ist ganz reizend von Frau Gutmann, mir die Auswahl zu schicken!" Sie sprach gewissermaßen ein Überhochdeutsch, so vornehm war die Dame! „Ja, wissen Sie", fuhr sie fort, „es ist doch so ein schlechtes Wetter da draußen, dem will ich mein neues Cabriolet auf gar keinen Fall aussetzen. Und vielleicht ist ja das Verdeck auch nicht ganz dicht. Nicht auszudenken! Nein, nein, das ist ein Schönwetterauto!"

Die liebe Frau Gutmann hat sie gesagt, nicht die liebe Ulrike, die auch nicht ganz dicht ist und sich auf einem Drahtesel hierher bemüht hat. Aber die ist ja nur ein Mensch und auch für schlechtes Wetter zu gebrauchen. Kein wertvolles Cabriolet, das man hegt und pflegt.

Immerhin schickte sie mich zum Warten (es könnte ein Weilchen dauern), in das Arbeitszimmer ihres Mannes. Hier war es jedenfalls angenehm warm und ich stand erst mal rum. Als sich meine Erstarrung langsam löste, bemerkte ich die Bibliothek und war hingerissen! In wunderschönen Bücherschränken aus poliertem exotischem Holz (es musste exotisch sein, denn es sah sehr teuer aus), lagerten unzählige wunderschöne Bücher. Allesamt Schätze der Weltliteratur! Da standen die deutschen Klassiker, vornehm in Leder gebunden und mit Goldschnitt versehen. Jedenfalls glänzte es so goldig. Daneben die die Seele aufwühlenden russischen Dichter, in kühles, grünes Leinen gehüllt. Ach, man konnte sich nicht sattsehen. Das nannte ich eine Auswahl! In diesen Raum hätte ich mich schon einmal einsperren lassen, mit sauren Gurken und Negerküssen als Proviant und Cola zum wach bleiben! Dabei hätte ich noch nicht mal gewusst, welches Buch ich zuerst lesen solle. Entweder einen der gemütvollen Dickens Romane oder eines der schön gebundenen alten Märchenbücher. Ein Bisschen verschämt im Hintergrund schimmerten sämtliche Werke von Karl May in der Bamberger

Originalausgabe. Also handlich und praktisch genug, um sie unter der Bettdecke lesen zu können.

Ach, und da standen sie ja, in Reih und Glied, Rücken an Rücken, die alten Griechen und Römer. Ich drückte meine Nase platt an den Glastüren und schwelgte in Seligkeit. Sophokles, Euripides, Aischylos, Homer, aber auch Horaz, Catull und viele andere Dichter waren hier vertreten. Noch dazu alle auf Deutsch, sodass man die Bücher lesen und verstehen konnte, sofern man sich in die Geschichten hinein versetzte. Als ich dann auch noch die „Aeneis" von Vergil entdeckte, machte mein Herz einen Sprung und ich fing an, mich mit mir zu unterhalten.

Ich hatte die Tür nicht gehört und bekam daher einen fürchterlichen Schreck, als plötzlich ein distinguierter Herr vor mir stand und mich eingehend musterte. Tapfer stammelte ich meinen Spruch, von wegen Auswahl und so weiter. Aber Doktor Grimm blickte keineswegs grimmig, im Gegenteil, ich glaubte sogar, den Schimmer eines Lächelns in seinen Mundwinkeln zu erkennen.

„Gefallen Ihnen meine Bücher?"

Ich nickte ernsthaft: „Sehr, Sie sind zu beneiden um diese Bibliothek!"

„Ich weiß, viele dieser Bücher stammen noch von meinem Großvater, es handelt sich da meistens noch um Originalausgaben. Wir hatten nämlich das Glück, den Krieg unbeschadet zu überstehen." Er nahm die Aeneis aus seinem Schrank, schlug sie auf und rezitierte eine Zeile daraus. „Ist das nicht schön?"

„Wunderschön", antwortete ich, ganz in mich selbst versunken. „Und das die Aeneis genau da einsetzt, als Troia aufhört zu existieren und letztendlich Rom daraus wird, das ist so fantastisch. Ich würde die Aeneis zu gerne mal lesen!"

Tapfer setzte ich hinzu: „Ich kenne die Geschichte nämlich nur aus - Die Schönsten Sagen des klassischen Altertums -!"

„Na, das ist doch schon was!"

Ganz warm wurde mir, so wohlwollend lächelte mich dieser Mann jetzt an. Ganz ohne Misstrauen!

Gerade, als Doktor Grimm das Werk sorgfältig zurück in den Schrank legte, von meinen ehrfürchtigen Blicken verfolgt, flatterte seine Gattin herein, noch immer als tropisch-bunter Schmetterling ausstaffiert. Sie bedeutete mir, ich solle die Sachen erst morgen wieder abholen, denn sie könne sich jetzt noch nicht entscheiden.

„Vielleicht nehme ich ja alles! Die Herrensachen bestimmt, da kommt es nicht so drauf an, aber bei den Kleidern bin ich mir noch nicht so ganz sicher. Und ja, dann können Sie mir noch mal zwei oder drei Tageskleider mitbringen, wenn Sie sowieso herkommen. Ich rufe Frau Gutmann an!"

Sie ließ mich hinausgeleiten. Ich stolperte ins Freie, mitten in einen Graupelschauer. Aber ich spürte den wärmenden Blick des Hausherrn noch immer in meinem Rücken und siehe da, die Welt war gar nicht mehr so trist.

„Dieser Doktor Grimm ist ein sehr angesehener Rechtsanwalt", belehrte mich Frau Gutmann. „Er soll ein ganz scharfer Hund sein, sagt unser Gerhard. Der reißt jeden raus. Naja, das kostet natürlich auch. Und da ist Geld in der Familie, ererbtes Geld", schloss sie und hob belehrend ihren Zeigefinger.

Ich hatte der „Gnädigen Frau" drei weitere Kleider gebracht. Wieder musste ich warten. Wieder in der Bibliothek. Diesmal alleine. Aber die Bücher waren ja immer noch da. So merkte ich nicht, wie lange Frau Grimm brauchte, um sich zu entscheiden. Aber sie entschied sich diesmal wirklich. Und sie nahm alles, die Cocktailkleider und die, welche die ich ihr heute gebracht hatte. Sie gab mir einen Scheck als Bezahlung. Auf ein Trinkgeld hoffte ich erst gar nicht. Ich kannte Leute wie sie.

Umso erstaunter war ich, als sie mir ein kleines Päckchen in die Hand drückte und nebenbei erwähnte, es sei von ihrem Mann. Kaum draußen, riss ich fieberhaft die Verpackung auf und hielt

eine nagelneue Taschenbuchausgabe von „Vergils Aeneis" in den Händen. Auf der beigelegten Weihnachtskarte stand in einer charaktervollen, also kaum lesbaren Schrift: Liebes Fräulein? *(Klar, dass er meinen Namen nicht kannte)*
Ich habe mich über Ihr Interesse sehr gefreut und möchte Ihnen nun auch meinerseits eine kleine Freude machen. Diese Ausgabe von „Vergils Aeneis" ist erst vor kurzem erschienen. Ich wünsche Ihnen viel Spaß bei der Lektüre.
Frohe Weihnachten
Ihr W. Grimm

Ich war ganz hin und weg, verstaute das kostbare Buch samt Karte sicher neben dem Scheck und rannte blindlings los. So freute ich mich! Nach hundert Metern merkte ich allerdings, dass ich mein Fahrrad vergessen hatte.

Unterwegs konnte ich nur noch an den „Scharfen Hund" denken. Ich nahm mir fest vor, dass wenn ich jemals zu Geld kommen würde und etwas ausfressen sollte, ausschließlich Dr. Grimm als Verteidiger in Frage für mich käme. Aber was sollte ich schon für strafbare Handlungen in Zukunft begehen sollen oder wollen? Ich war doch ganz ordentlich erzogen worden, jedenfalls war meine Mutter dieser Ansicht. Aber seltsamerweise fielen mir plötzlich meine Chefinnen ein. Warum wohl? Ich kam ins Grübeln. Möglicherweise hängt im Leben doch nicht alles von der Erziehung ab. In diesem Falle war es gut zu wissen, dass es scharfe Hunde gab.

Das gesamte Personal wurde in den ersten Stock beordert. Hier gab es, zierlich in Kristallschüsseln aus Frau Jägers privatem Bestand angerichtet, Plätzchen und Lebkuchen. Dazu wurde Glühwein ausgeschenkt und für mich ein Glas Apfelsaft. Aber keinen heißen, denn das wäre für eine Person zu viel Aufwand gewesen. Bis zum Heiligabend waren es noch drei Tage, aber unser Chef meinte, das Weihnachtsgeschäft sei gelaufen.

Er hob sein Glas und prostete allen zu. Dabei verzog er schmerzlich sein Gesicht, denn der Glühwein glühte. Nichtsdestoweniger meinte er, das Weihnachtsgeschäft sei sehr zufriedenstellend gewesen und er danke allen für ihren vollen Einsatz. Dann raschelte es und die „B" holte einen Packen Umschläge aus ihrer Krokodilledertasche. Während Herr Jäger meinte, Weihnachten sei nun mal das Fest der Familie und er wünsche uns allen ein frohes Fest im Kreise der eigenen Familie, produzierte Frau Jäger mühevoll ein Tränchen in Gedenken an ihre Tochter, die gerade rechtzeitig zu Weihnachten ein Baby bekommen hatte und leider in Amerika lebte.

Erwartungsvoll riss ich meinen Umschlag auf und erstarrte vor Glück. Hundert Mark waren da drin! Hundert Mark Weihnachtsgeld, da konnte ich meine Geldsorgen glatt vergessen. Aber, nach Ansicht von Milli und Malli hatte ich doch so viel Geld bestimmt nicht verdient. War das also eine Wiedergutmachung durch den Chef, weil er mich so schnöde verraten hatte, als ich darum bat, mit dem Bus fahren zu dürfen? Nein, das konnte ich mir auch nicht vorstellen. Ich war ihm ja eigentlich auch nicht böse. Er war ja auch nur ein Mann und Männer sind bekanntlich schwach. Das sieht man ja immer wieder bei den Politikern, die fallen auch öfter mal um.

Ich ahnte Schreckliches: Wenn das nur kein ein Irrtum war!

Es war einer!

In der beiliegenden Karte stand in der Krakelschrift Frau Jägers:

Ihnen, liebes Fräulein Stoll ein frohes Weihnachtsfest und so weiter… Fräulein Stoll, nicht Scholl! Und schon gar nicht Ulrike!

Fräulein Stoll guckte auch ganz belämmert aus der Wäsche, als sie ihren Umschlag öffnete. Bestimmt hatte sie einiges erwartet, wo sie doch die ganze Babywäsche für den amerikanischen Nachwuchs gehäkelt hatte. Und wie kunstvoll. Wenn sie nicht gerade bedienen musste, häkelte sie. Sie häkelte und häkelte: Klitzekleine Strampelhöschen, Jäckchen und

Mützchen, alles für die Erstausstattung des zu erwartenden Enkelkindes, beziehungsweise Großneffen oder Großnichte. Alles in Weiß oder gelb, auch mal zartgrün, weil man eben noch nicht wusste, was für ein Kind da rauskommen würde. Diese Farben waren unverfänglich, sie konnten sowohl von Mädchen als auch von Jungen getragen werden. Nur, wenn das Kind dann da war und in Gelb und Weiß verpackt wurde, dann wusste man auch wieder nicht, ob ein Mädchen oder ein Bübchen drin steckte. Das sind so die Tücken der Neutralität.

Die „B" versorgte die Häklerin aus der Wollabteilung mit Material und Frau Jäger brachte stapelweise Musterhefte an. Eigentlich aber war Fräulein Stoll für Petticoats, Büstenhalter und feine Damenwäsche zuständig. Ihre Abteilung war sinnreich zwischen Kasse und Johannas Herrenpullovern eingeklemmt. Wenn sie jedoch häkelte, hielt sie sich lieber bei den Strümpfen auf, hier war es heimeliger. Ich mochte Fräulein Stoll. Diese fröhliche und in ihrer ganzen Art erfrischende junge Frau hatte so etwas unverdorben Ländliches. Sie kam von so weit her, dass sie täglich über zwei Stunden mit dem Zug fahren musste. Eine Stunde zur Arbeit, eine Stunde zurück. Und zum Bahnhof hatte sie auch noch eine ganze Strecke zu laufen. Trotzdem war sie ein Glückskind, denn ihr Freund Hans, ebenso rotbackig wie sie selbst, war Schornsteinfeger. Er marschierte mit seiner Leiter überm Arm, einem Lied auf den Lippen und in voller Schwärze durch die Straßen der Stadt. Hier hatte er seine Region, hier hatte er sein Mädchen. Trotz des Schwarzen hatte ich neulich so nebenbei gehört, wie Frau Gutmann im Brustton der Überzeugung sagte, sie sei von Fräulein Stolls Unschuld überzeugt. „Das Mädchen ist doch viel zu naiv um…" fügte sie noch hinzu. Gleich darauf verstummte Frau Gutmann jedoch, denn ich kam ihr in die Quere.

Obwohl sich in mir schwarze Gewitterwolken zusammenbrauten, konnte die anständige Hälfte meiner Person gerade ihr das Weihnachtsgeld nicht vorenthalten. Sie hatte es sich ja sauer genug verdient mit der ständigen Häkelei. Außerdem wäre es sowieso rausgekommen. Mit Tränen in den Augen, und die waren echt, weil es sich um Tränen des Zornes handelte, drückte ich ihr den beschädigten Umschlag in die Hand. „Da konnte jemand wohl die eigene Schrift nicht lesen", bemerkte ich wütend. Und Fräulein Stoll hauchte erleichtert ein „Danke" in meine Richtung. Außer den nicht ernst gemeinten frommen Wünschen lagen in dem tatsächlich für mich bestimmten Umschlag ganze zwanzig Mark! Naja, wenigstens kann ich so ohne Neuverschuldungen ins neue Jahr gehen.

Weihnachten in Sibirien

In unserer Kirche wurde am Heiligabend ein modernes Krippenspiel aufgeführt. Die Schauspieler habe ich alle gekannt, weil sie der heranwachsenden Schuljugend angehörten. Einige werdende Konfirmanden waren auch dabei. Man weiß ja, dass die in die Kirche gehen müssen.

Sie spielten ganz hervorragend, obwohl ich nicht mitmischte. In dem Stück ging es um die Weihnachtsbotschaft in Sibirien. Eine Familie wartete auf Christus, den sie zum Essen eingeladen hatte. Stattdessen kam der böse Onkel, der seine Angehörigen einst aus Habgier ins Unglück gestürzt hatte. Sie spielten so gut, besonders Jutta, dass ich von dem Schmerz und der Lust der Vergebung richtig gepackt wurde. Das Gefühl war so stark, dass ich ernsthaft in mich ging. Ein guter Ansatz zu Weihnachten!

Ich saß auf einer der vorderen Bänke. Hier konnte man so schön das von Zeit zu Zeit frisch getünchte, in gotischen Buchstaben an die Wand gemalte:

„Fürchte Dich nicht, glaube nur ...

auf der einen Seite und das Nachfolgende

Christus ist unser Frieden!"

auf unserer Seite sehen. Das hat so etwas Tröstliches. Besonders im Zusammenhang mit dem bemalten Fenster, das Jesus zeigt, wie er, der milde lächelnde, gute Hirte ein verirrtes Schaf auf den Armen trägt. Wenn ich mich früher bei den Predigten langweilte, und das war meistens der Fall, schaute ich nur in die gütigen Augen unseres Heilands. Dann fühlte ich mich geborgen im Schoß der Kirche, genau wie das verloren gegangene und wieder gefundene Lamm.

Neben mir sitzt Heidi Walter mit ihrer halben Familie. Das heißt, mit ihrer Mutter und ihrem ältesten großen Bruder. Ihr Vater kann nicht mehr mit uns feiern, denn er starb vor einiger Zeit. Die Kattenbacher sagen, er hätte Stalingrad nicht verkraftet. Er war ein Held, sogar einer, der überlebt hat und nach Hause gekommen ist. Aber die heile Welt gab es nicht mehr, auch in der Heimat nicht. In seinen Träumen musste er das Grauen immer und immer wieder erleben. Zu Tode hätte er sich gehustet, sagen die Leute. Er hat jetzt seinen Frieden gefunden, nur seine Witwe hat es schwer. Schließlich muss sie zwei erwachsene Söhne im Zaum halten und irgendwie zusehen, dass diese auch irgendwann heiraten. Bei der Tochter dürfte das kein Problem sein, denn Heidi ist zartgliedrig, fein, blond und hübsch. Und immer Mamas Püppchen. Frau Walter näht ihr alle Kleider selbst, eines schöner als das andere. Die Söhne werden dafür mit Streuselkuchen abgefunden, der genauso gut schmeckt, wie der, den meine Mutter backt.

Werner sitzt jetzt, halb gestützt von seiner Mutter, in der Kirchenbank und schläft. Er hat so etwas Bärenhaftes an sich und schnarcht wie ein ausgewachsenes Urviech. Heidi neben mir zerdrückt ihr unschuldiges Taschentuch und ist ganz rot im Gesicht. So peinlich ist ihr das.

Ich habe den Eindruck, das Geschnarche in der ersten Bank bringt die Krippenspieler etwas aus ihrem Konzept. Alfred, der den armen Neffen des bösen Onkels im fernen Sibirien spielt, ruft nämlich schon zum dritten Mal durch das Kirchenschiff:

„Komm Herr Jesus, sei unser Gast!"

Da entsteht an der Kirchentüre Bewegung:

Er kommt!

Es ist aber nicht Jesus Christus, wie erwartet, sondern Günter Walter. Fröhlich schüttelt er den frischen Schnee von seinem Mantel. Er hat es aus der klirrenden Kälte ins warme Kirchlein geschafft *(Weihnachten wird immer geheizt)* und grinst freundlich in die Runde:

„Guten Abend!"

Als er so durch den Mittelgang bis zur vorderen Bank schlendert, sind ihm sämtliche Köpfe zugewandt. Doch niemand grüßt zurück. Schließlich weiß man ja, was sich gehört.

Noch einmal geht die Türe auf und winselnd, jaulend, bellend, huscht Barry herein, der riesige Hund, ohne den die Familie Walter nicht komplett wäre. Ich kenne ihn, er ist ein guter Wachhund, denn er hat mich schon einmal gebissen.

Heidi ist ganz blass geworden und ich kann förmlich spüren, dass sie sich für ihre Familie bis in die Zehenspitzen schämt. Mir kann so etwas nicht passieren, denn meine Familie kommt erst gar nicht in die Kirche. Ich habe also genug damit zu tun, mich eben deshalb zu schämen.

Flott geht das Krippenspiel jetzt weiter. Die Schauspieler lassen sich nicht mehr stören. Der böse Onkel kommt, und es wird ihm vergeben. Da kann man nur hoffen, dass die guten Christen an diesem Heiligen Abend auch den Walter-Buben vergeben! Jedenfalls trugen sie dazu bei, die Christvesper doch recht abwechslungsreich zu gestalten.

Klein-Olaf strahlte mit den elektrischen Lichtern am Weihnachtsbaum um die Wette, meine Mutter raschelte vernehmlich beim Auspacken ihres Trevirarockes und mein Vater meinte, wie jedes Jahr: „Das Schönste an Weihnachten ist doch, dass man was Gutes zum Essen und Trinken auf dem Tisch hat!" Worauf meine Schwester leicht empört ruft: „Familie, darauf kommt es an, Weihnachten ist das Fest der Familie!" Während sie ihrem Mann einen liebevollen Seitenblick zuwirft, küsst sie ihren Sohn ab, der sich inzwischen zu einem richtigen Wonneproppen gemausert hat. Mama denkt an die Gans und die Arbeit, die morgen auf sie zukommt. Dieses Mal hat sie noch zwei Gänsekeulen dazu kaufen müssen, weil die Familie ja gewachsen ist. Und, bitteschön, es soll ja keinen Streit geben, nicht an den Feiertagen. Jeder soll seine Keule haben! Da bleibt für die Leute mit Geschmack auch mehr Gänsebrust übrig. Der Heiligabend Kartoffelsalat hat geschmeckt und die dazu gereichten Würstchen waren Mama ebenfalls gelungen, wie jedes Jahr. Aus alter Gewohnheit seufzt sie auf, auch wie jedes Jahr. Ja, und jetzt fehlt noch die Geschichte, wo Inge, als sie noch ein Kleinkind war, den

Weihnachtsbaum umwarf und dadurch beinahe einen Wohnungsbrand ausgelöst hat. Seit dieser Zeit schmücken nämlich elektrische Kerzen unseren Christbaum. Es ist sicherer so.

„Ein Trevirarock, ein richtiger Faltenrock, genauso, wie ich ihn mir gewünscht habe!" Mama ist ganz außer sich vor Freude. „Aber Kind, der ist doch viel zu teuer!"

Sie zieht das gute Stück sofort an, dreht und wendet sich vor dem Schlafzimmerspiegel und fragt uns und ihr Spiegelbild, ob der Rock sie nicht dicker mache. Er passt perfekt.

Diese Freude, das ist Weihnachten. Durchaus nicht wie jedes Jahr!

Mein Hals kratzt und meine Augen tränen. Am ersten Weihnachtstag mag ich gar nicht aufstehen, soll auch nicht. Ich habe die Grippe.

„Wo hast Du Dir das nur geholt?" Meine Mutter schaut mich ratlos fragend an. Ich wende meinen Kopf, verberge meine Tränen, und denke: „Wo wohl?"

Mein Vater hat mir zum Trost eine Langspielplatte mit Weihnachtsliedern aufgelegt, denn unsere hausgemachte Musik ist nicht allzu berauschend. Jetzt hat die Platte einen Sprung und das an der genau passenden Stelle. Mit unnachahmlichem Gequietsche wiederholt sie ständig: ... Schnee, Schnee, Schnee ...

Saubere Mitbürger

The, the, the, ich rolle meine Zunge vor an den Gaumen und presse sie gegen die Zähne, um ein Lispeln hervor zu bringen. Dann produziere ich einen Ton, der sich nach einem ph anhört, in dem aber auch noch ein ß steckt. Miss Winter versucht mit viel Geduld, mir und zwanzig anderen Leuten die englische Sprache beizubringen. Richtiges Englisch, wie es in England gesprochen wird, versteht sich. Nicht die gemütliche Sprache aus meiner amerikanischen Zeit! Die ist total verpönt. Der größte Teil der Amerikaner stammte von deutschen und englischen Einwanderern ab. Deshalb stimmte man seinerzeit im amerikanischen Kongress darüber ab, welche Sprache die jungen Vereinigten Staaten denn nun offiziell benutzen sollten. Deutsch oder Englisch? Nach langem Hin und Her entschied man sich für Englisch. Das amerikanische Englisch zerfiel aber im Laufe der Zeit in etliche Versionen. Von schwer verständlich bis zum Texanischen. Was für ein Glück, dass einige wenige Abgeordnete mehr damals für Englisch stimmten. In wie viele Versionen wäre sonst das Deutsche im Laufe der Zeit zerfallen?

Shakespeares Hamlet auf Texanisch ist da wohl ungefähr das Gleiche wie Goethes Faust auf Sächsisch.

Das habe ich nun davon, dass ich nicht in die höhere Schule gegangen bin. Jetzt muss ich in die Volkshochschule. Und das auch noch abends. Nach Geschäftsschluss muss ich da bleiben, bis alle das Haus verlassen. Dann bin ich das Schlusslicht und renne, mein Herz festhaltend, weil es so sticht und klopft, zum Bus. Manchmal kriege ich ihn auch noch, wenn nicht, muss ich eine halbe Stunde stampfend warten. Stampfend, das bedeutet eigentlich nur, dass ich mir die Füße warm trample. An der Bushaltestelle zieht es nicht nur, es weht auch ein eisiger Wind um mich herum.

Zu Hause schlinge ich sodann in Rekordzeit mein Abendessen runter und renne wieder zum Bus. Das Ganze endet in der Volkshochschule. Zweimal pro Woche!

Nichts hilft da, meine Mutter kennt die Lehrerin! Es ist Miss oder Fräulein Winter. Ob es sich bei ihrem Namen um den englischen oder um den deutschen Winter handelt, weiß ich nicht. Jedenfalls ist sie Halbengländerin und hat mit ihrer Mutter, einer Vollengländerin, früher im selben Haus wie meine Eltern gewohnt. Sie ist auch mit ihnen ausgebombt. So was verbindet. Meine Mutter hat mir früher mal erzählt, dass die Engländerin furchtbare Angst bei Fliegerangriffen hatte und immer aus dem Keller raus wollte. Sie rief dann nach ihrem Kutscher, der anspannen solle. Ihre Tochter, also meine Lehrerin, hat sich dann immer ganz fürsorglich um ihre Mutter gekümmert. Natürlich weiß unsere Miss nicht, dass ich weiß, was sie für eine liebe Tochter war. Mittlerweile ist sie selber ein ältliches Fräulein, das sich ihr tägliches Brot verdienen muss, indem sie sich mit so undankbaren Schülern wie mir herum schlägt. Darum gebe ich mir manchmal auch richtig Mühe, schaue in ihre blassblauen Augen und versuche, darin einen Hoffnungsschimmer zu wecken. Das eben doch noch alles gut wird und sogar ich eines fernen Tages das „TH" richtig aussprechen kann.

Einst rauschten hier Wälder, einsam und unendlich, soweit das Auge blickte. Folglich versteckte der deutsche Kaiser in diesem endlosen Gerausche eine Pulverfabrik samt Bahnanschluss und Wohnhäusern für die Arbeiter.

Der Kaiser ging, sein Pulver auch. Am Platz entstand ein Kunstlederwerk. Der Ort wuchs sich schließlich zu unserem idyllischen Kattenbach aus. Jetzt hatten wir eine Demokratie und unseren ersten freien, einstimmig gewählten Bürgermeister, den einzigen Kandidaten für das schwere Amt. Er nahm seine Amtspflichten ernst und sorgte mit anderen verantwortungsvollen Bürgern dafür, dass ein Sportplatz angelegt wurde. Und das war wörtlich zu nehmen.

Die verantwortlichen Bürger bauten den Sportplatz selbst!

Eigenhändig!

Sie rodeten einen Teil des Waldes, rissen die Baumstümpfe aus und legten einen Rasen an. Nun schmiegte sich der Platz lieblich in die Landschaft, angelehnt an die rauschenden Wälder. Ein Stück Wald ließ man direkt neben dem Sportplatz stehen, sozusagen als Gedenkstätte und nannte es liebevoll „Unser Wäldchen".

Flugs wurde ein Sportverein gegründet, vornehmlich für Fußballer. Alles noch unter demokratischen Vorzeichen.

Dann ging auch die Republik flöten und mit ihr der Bürgermeister. Der wurde durch einen Voll Nazi ersetzt. Überall kamen die Braunhemden an die Macht. Bis auch deren Herrschaft im Bombenhagel des Krieges zerschellte.

Aber unser Sportplatz blieb erhalten und mit ihm das Wäldchen!

Die sanften Hügel, durch die heutzutage arglose Hausfrauen und flinke Schulkinder rennen, waren künstlich. Sie wurden einst von den feindlichen Soldaten im Dreißigjährigen Krieg als Schanzen angelegt. Die feindlichen Soldaten wurden Freunde, die freundlichen Soldaten Feinde. So geht's und nicht nur im Dreißigjährigen Krieg. Die Schanzen sind geblieben. Diese reizvollen Überbleibsel aus der fernen Vergangenheit dienen jetzt gemeinnützigen Zwecken, zum Beispiel zum Schlittenfahren im Winter und zum Waldfest im Sommer.

Aber wieder fiel ein erheblicher Teil des Wäldchens dem Fortschritt zum Opfer. Die neue Schule wurde errichtet. Zweckdienlich, bunt, modern und geräumig war sie der ganze Stolz von Kattenbach. Unser Herr Lorbach sah seine Träume erfüllt, denen er ja mittels Sticheleien und selbst verfertigten Theaterstücken kräftig nachgeholfen hatte.

Herr Bollmann setzt jedes Mal eine überaus selbstgefällige Miene auf, wenn er „rein zufällig" am Schulneubau vorbei kommt. Aber in diesem Punkt steht ihm der Ortsbeirat von der Opposition in Nichts nach. Nur dass dieser selbstgefällig die Hände über seinem beachtlichen Bauch verschränkt. Schließlich hatten die Herren es ja geschafft, die Steuern, die ihnen die ortsansässige Industrie einbrachte, wirklich einmal sinnvoll zu verwenden.

Zur Einweihungsfeier wurden die ehemaligen Schüler auch eingeladen. Denn die hatten ja noch zur Grundsteinlegung beigetragen. Ich erinnerte mich sehr genau an den Festakt, den Nieselregen und den Grundstein, der tief im Matsch versenkt wurde.

Ich wandelte, ein freies Getränk in der Hand, durch die Schulzimmer. Hier und da begrüßten sich die Leute, man kannte sich ja. Manchmal wandten die Besucher auch den Kopf ab, um selbst nicht gesehen zu werden oder auch, um andere nicht sehen zu müssen. Es war Sonntag, da hatten viele Leute frei und nichts Besseres zu tun, als in der neuen Schule zu lustwandeln und schnell mal eine Gratisbratwurst zu verschlingen. Die Bratwürste sorgten dafür, dass viele Küchen einmal kalt bleiben konnten. Das entlastete etliche Hausfrauen. Nur die armen Lehrer, die machten heute Sonntagsdienst. Alle drei! Beflissen wieselten sie herum, voller Bereitschaft zu erklären, zu lehren und sich ins rechte Licht zu rücken.

Es roch alles so neu! Ein riesiges modernes Bild, eher ein Fresko, zierte die halbe Wand oberhalb der überdimensionalen Freitreppe. Sinnigerweise stellte es Kinder auf dem Weg zur Schule dar.

Mir fielen die Zeichnungen der Schüler auf, die genau wie in früheren Zeiten vor den Klassenzimmern hingen. Das war ausgesprochen tröstlich. Denn hier wurden ganz offensichtlich alte Traditionen gewahrt.

Und ja, da hing sie ja auch, die riesige Pappe mit der fortlaufenden Weltgeschichte, die Herr Lorbach eigenhändig hergestellt hatte.

Da stand er plötzlich leibhaftig vor mir, unverkennbar in seinem Tweedjackett, zu dem er jede Hose tragen kann, weil jede Farbe darin enthalten ist. So ungefähr, als sei die Jacke aus

Wollresten gemacht. Unser lieber Lehrer, jetzt Herr über eine hervorragend ausgestattete Schule und leuchtendes Vorbild für Generationen mehr oder weniger interessierter Schüler.

Herr Lorbach erkannte mich sofort wieder.

Ich gratulierte ihm wohlerzogen zu diesem von ihm vollbrachten Wunderwerk und lächelte vielsagend, als er mich fragte, wie es mir als Lehrling in diesem „tollen Geschäft" gefiele.

Es ist wieder soweit. Das heißt, wieder soll ein Stück vom Wäldchen der Spitzhacke zum Opfer fallen. Diesmal unter dem Motto:

„Saubere Mitbürger!"

Das war genauso gemeint, wie es gesagt wurde. Die Leute sollten nicht etwa anständiger werden und weiße Westen tragen, nein, sie sollten sich tatsächlich waschen, besser gesagt, baden.

Es wurde eine Badeanstalt gebaut, zwar ohne Schwimmbad, dafür aber mit etlichen Duschen und sage und schreibe zwölf Badewannen. Sechs für die Männer, sechs für die Frauen. Die Kabinen liegen sich gegenüber und sind abschließbar. Das ist wichtig. Wenn zum Beispiel Winfried Peitzke seine Brille mit den superdicken Gläsern vergessen hat, sieht er so gut wie nichts, allenfalls Schemen. Dann reißt er in seiner Verzweiflung sämtliche Kabinentüren auf, nur, weil er vergessen hat, in welche Badewanne er rein gehört. Genau deshalb schließe ich auch immer schön ab, denn ich habe keine Lust, vom Brunzenickel im Bad erwischt zu werden. Auch nicht, wenn er mich nicht erkennen kann und nur mein Schattenbild sieht.

Ein Vollbad kostet fünfzig Pfennig und darf eine halbe Stunde nicht überschreiten. Das ist insofern verständlich, weil der Andrang sehr groß ist. Schließlich hat ungefähr die Hälfte aller Kattenbacher kein Bad im Haus und will doch zumindest am Wochenende sauber und entspannt sein!

Jeden Samstag gehe auch ich zum Baden. Was für ein Genuss! Ich habe eine Tasche mit Waschlappen, Handtuch und Seife dabei. Außerdem einen Wecker, damit ich die halbe Stunde genau einhalten kann. Ich habe ja immer nur einen Fünfziger und kann infolgedessen nicht überziehen.

Mit meinem eigenen Schmutz habe ich diverse Probleme. Am Anfang geht ja noch alles gut und ich siele mich wonnevoll im heißen Wasser. Dann träume ich vor mich hin, immer mit dem Wecker im Blickfeld. Ich lasse das heiße Wasser reichlich nachlaufen und tummele mich wohlig in höheren Sphären. Bis mein Blick auf meinen Bauch fällt. Das ernüchtert mich immer, denn ich erkenne ganz realistisch, dass ich eine Neigung dazu habe, einmal einen Bauch zu bekommen. Da rundet sich etwas. Noch ist alles flach, aber wenn ich mal in die Jahre komme, oje! Aber ich wasche mich trotzdem immer sehr gründlich, auch den Bauch.

Aber was soll's, die Laune lasse ich mir von diesen Zukunftsaussichten nicht verderben. Zur Not gibt es ja Hungerkuren. Noch habe ich so was nicht nötig. Jetzt fühle ich mich erst mal wohlig warm. Ja, ich trällere sogar ein Liedchen, ohne mich darum zu kümmern, dass meine Melodien auf dieser Erde nicht ihresgleichen finden – und kriege einen großen Schreck:

In der schneeweißen, emaillierten Badewanne bildet sich ein durchgehender schwarzer Rand. Und der ist eindeutig von mir!

Das ist fatal.

Es bleibt ein Rätsel, warum ich so geballte Schmutzmassen auf meinem Körper mit mir trage. Schließlich wasche ich mich doch sonst auch.

Natürlich schrubbe ich den schwarzen, öligen Rand jedes Mal weg, denn ich will mich ja nicht blamieren. Zu diesem Zweck nehme ich immer, wenn ich baden gehe, etwas Vim aus der Küche meiner Mutter mit. Von vornherein ziehe ich dann von meiner Badezeit fünf Minuten für die Endreinigung der

Badewanne ab. Das ist zwar schmerzlich, denn das heißt, fünf Minuten weniger im warmen Wasser zu träumen, aber es muss sein. Nicht auszudenken, was passiert, wenn man den Dreckrand entdeckt! Zwar steht da nicht Ulrike Stoll drauf, aber mit den heutigen Methoden der Kriminalistik könnte man meinen Dreck bestimmt nachweisen!

Meine Schwester hat solche Sorgen nicht, denn sie hat Geld für Badeschaum. So eine Tube für ein Vollbad kostet nämlich noch mal fünfzig Pfennige. Dafür gibt es aber auch keinen Dreckrand und zudem noch herrlichen aphrodisischen Schaum! Als ich ihr von meinem Dilemma erzähle, tröstet sie mich damit, dass nicht ich den Schmutz produziert hätte, sondern die Seife, weil die aus Fett gemacht worden sei. Ja, gerührt von ihrer eigenen Großmut, hat sie mir sogar ein Päckchen Badeschaum geschenkt. Welch ein himmlisches Vergnügen! Ich kann nicht nur fünf Minuten länger in der Wanne liegen bleiben, ich hinterlasse den amtlichen Badewannenreinigern auch noch eine saubere Wanne. Natürlich tue ich dann so, als sei dies das Selbstverständlichste der Welt.

Manchmal müssen Leute draußen warten, weil alle Badegelegenheiten besetzt sind. Dann sitzt Frau Lehmann, die den Kellers, den Verwaltern sämtlicher Wannen und Duschen, beim Saubermachen hilft, rum. Sie wartet aufs Desinfizieren! Das ist sehr wichtig, schließlich sollen die Badenden nicht krank werden, sondern in blühender, gesunder Sauberkeit die Institution verlassen.

Bei den Männerbädern hilft der „Alte" beim Saubermachen. Das ist einer der beiden Gemeindearbeiter, der am Samstag kein Laub rechen muss und nur in Ausnahmefällen, falls im Winter mal samstags Schnee fällt, diesen wegschaufelt. Der „Alte" heißt eigentlich Müller und unsereins begrüßt ihn auch mit seinem Namen. Aber diesen Namen gibt es sehr häufig. Wenn man also vom „Alten" spricht, dann weiß eben jeder, wer damit gemeint ist. Solange ich mich zurückerinnern kann, nannte man den „Alten" schon so. Er verdient sich am Wochenende noch etwas hinzu.

Sehr zur Freude seiner kleinen verschrumpelten Frau. Obwohl Herr Müller langsam und behäbig ist, und auch ein bisschen schäbig wirkt, ist er alles andere als arm. Die Amerikaner mussten ihm vor einigen Jahren sein Dreifamilienhaus zurückgeben. Jetzt wohnt er mietfrei drin und hat die anderen Wohnungen wieder an Amis vermietet, die natürlich kräftig Miete zahlen. Amerikaner im Hause zu haben, ist viel wirtschaftlicher, da der Dollar immer noch viermal so viel wert ist wie die Mark. Allerdings muss man dem „Alten" zugutehalten, dass er die heiratswilligen jungen Leute, die verzweifelt auf eine Wohnung warten, wirklich von Herzen bedauert. „Ja ja", sagt er dann gewöhnlich, die Zeiten, die Zeiten!" Dann kratzt er sich gemütlich an der Glatze und seine „Alte" verfällt in den Refrain und jammert schrill. Sie haben nämlich eine Tochter, die vor Jahr und Tag über den großen Teich schipperte und dort blieb. Das Kind hat mittlerweile auch ein Kind, das aber amerikanisch ist, weil es einen amerikanischen Vater hat und in Amerika geboren ist. Besagtes Enkelkind war auch schon zu Besuch in Kattenbach, konnte sich aber weder mit Oma noch mit Opa unterhalten, weil die kein Englisch sprechen und die kleine Helen kein Deutsch. Trotzdem sparen die Großeltern für sie, schließlich soll das Mädchen mal eine höhere Bildung erhalten. Und dazu gehört selbstredend die deutsche Sprache!

Frau Keller schmeißt den Laden hervorragend. Sie ist ungemein tüchtig und hat für alle ein nettes Wort. Kein Wunder, denn sie kennt jeden, und jeder kennt sie. Das kommt daher, weil sie eine Tochter vom alten Opa Walter ist. Der hat zwar inzwischen das Zeitliche gesegnet, ist aber als kerniges, echtes Urgestein in die Annalen von Kattenbach eingegangen. Er war wirklich so eine Art Ureinwohner. Opa Walter zog nämlich bereits im Babyalter nach Kattenbach. Dies war wohl mit ein Grund, warum die Gemeinde das Ehepaar Keller als uneingeschränkte Chefs der heimischen Badegewässer eingesetzt hat.

Frau Keller hat ihren Mann zur Seite. Der hatte früher eine Diamantschleiferei in der Stadt. Aber da es in unserer Zeit nicht mehr gerade von Diamanten wimmelt, gibt's auch nicht mehr viel zu schleifen. So hängte Herr Keller seine Firma an den Nagel und entließ seine Mitarbeiter ins raue Leben. Und dieses verpasste den Leuten ohnehin den letzten Schliff. Jetzt sorgt er für Sauberkeit, und man muss sagen, dass er stets alles im Griff hat, auch wenn es mal den einen oder anderen Wasserrohrbruch gibt. Seine Locken sind zwar mit der Zeit und den Sorgen grau geworden, aber er ist immer noch ein starker Mann und schlichtweg der Fels in der Brandung.

Kellers wohnen direkt über der Schule. Die Wohnung ist so groß, dass sie sogar eine eigene Toilette samt Badewanne drin haben. Aber das Besondere in dieser wunderbaren Wohnung ist das tolle Esszimmer. Ich stand da mal rum, weil ich darauf wartete, dass die Doris heimkam. Da habe ich mir diese Möbel gründlich angesehen. Also, kennt man nur das Esszimmer und nicht die Kellers, muss man wirklich annehmen, dass Kellers sehr reich sind. Diese fürstlichen Möbel sind nicht nur schwer und massiv, sie sind auch reinster Jugendstil. Garantiert unverfälscht. Mir war darin ausgesprochen kalt, obwohl draußen der Sommer lachte. Aber das lag wahrscheinlich auch daran, dass mich die schwarzen Möbel einschüchterten. Besser gesagt, in diesem Esszimmer wird man von der Macht des Schicksals durchdrungen. Die kostbaren Stücke standen nämlich einst im Esszimmer eines hoch angesehenen Professors, der in der Kunstlederfabrik eine ganze Menge zu sagen hatte. Denn er war Direktor, Chemiker, Erfinder und sonst noch was Besonderes. Natürlich hatte der Mann viel Geld, aber auch eine Menge Grips, eine hübsche Ehefrau und einen aufgeweckten kleinen Sohn. Nur einen Fehler hatte der Professor, er war Jude, Dies hatte er zwar selbst schon fast vergessen, aber die Nazis nicht! Eines schönen, beziehungsweise, eines furchtbaren Tages sollten auch in Kattenbach die Juden abgeholt werden. Im Ort lebten außer dem Professor Weiss nur ein ehemaliger Holzkaufmann und ein gewisser Schorsch. Das war die gesamte jüdische Gemeinde. Und bis dahin hatte niemand etwas von deren Existenz geahnt.

Der ehrenamtliche Bürgermeister damals war das NSDAP Mitglied Gustav Steffen. Er bekam seinen amtlichen Wisch, die Abholung der Juden betreffend, einige Tage vor der mörderischen Aktion. Daraufhin hatte Steffen nichts Eiligeres zu tun, als die jüdische Gemeinde zu warnen. Natürlich inoffiziell. Der Bürgermeister riskierte ja nur Kopf und Kragen. Er riet den Leuten, zu verschwinden, und zwar dringend. Der Holzkaufmann und Schorsch wurden daraufhin nie wieder gesehen, auch Professor Weiss verschwand samt seiner Familie bei Nacht und Nebel. Irgendwie schafften sie es sogar übern großen Teich. Vorher verscherbelte er noch auf die Schnelle seine Einrichtung. Das gesamte hochherrschaftliche Mobiliar ging für einen Apfel und ein Ei weg. Dafür hatte der Professor aber die Genugtuung, dass nichts davon in die Hand der braunen Funktionäre kam. Jetzt stehen die Jugendstilmöbel bei Kellers in der Wohnung, sowohl als Zeugnis soliden Bürgertums als auch als Mahnmal. Den ehemaligen Bürgermeister Steffen gibt es übrigens immer noch. Die Leute haben den stillen kleinen Mann, der keinem etwas zuleide tut, gern. Er hat in einer schlimmen Zeit großen persönlichen Mut bewiesen. Er war ein Mensch! Und zwar ein guter! Auf den jüdischen Professor lassen die Kattenbacher aber auch nichts kommen. Im Gegenteil, auf ihn sind sie richtig stolz. Er lebt jetzt als amerikanischer Bürger ganz offiziell in den USA, sogar im Dunstkreis von Wernher von Braun. Dem hilft er nämlich, die Raumfahrt zu beschleunigen. Ab und zu ist er im Fernsehen zu sehen, da erläutert er dem Otto Normalverbraucher, welch ungeahnte Höhenflüge dieser noch erleben könnte. Bei solchen Sendungen ist bei uns totales Redeverbot angesagt. Fehlt nur noch, dass mein Vater in den Fernseher kriecht.

Die Leute, die darauf warten müssen, dass eine Badekabine frei wird, sitzen mehr oder weniger gelangweilt in der Gegend rum. Wenn ich warten muss, dann lese ich gewöhnlich. Das stört niemanden. Wenn Frau Mühlbauer warten muss, dann schwätzt sie. Das stört jeden.

Die Kabinen haben dünne Wände, auch wenn man in den Wassern versinkt, hört man alles, was in dieser Anstalt so passiert.

Das sanfte Geplätscher beim Wechseln der Körperhaltung genauso, wie die neuesten Schlager, die aus voller Brust geschmettert werden.

„Ja, wie lange dauert das denn noch? Ich habe noch mehr zu tun, als stundenlang hier zu warten! Können Sie denen da drin nicht mal ein bisschen Dampf machen? Ja, wer ist denn da überhaupt drin?"

Unverkennbar, das ist unsere Frau Mühlbauer. Dass die den Weg hierher gefunden hat, ist an sich schon erstaunlich. Normalerweise läuft ihre Kittelschürze schon allein ins Wasser! Und jetzt muss sie auch noch warten!

„Ja, wer braucht denn da so lange?" Ihr Gekeife, das sie für Geflüster hält, ärgert Frau Keller und sie antwortet entsprechend scharf:

„Wer da drin ist oder nicht, fällt unter die Rubrik Betriebsgeheimnis, und wenn jemand rauskommt, muss ich die Wanne ohnehin erst desinfizieren. Haben Sie überhaupt schon bezahlt?"

„Aber ja, wenn ich auch der Ansicht bin, dass das Wucherpreise sind, fünfzig Pfennig!"

„Die Preise wurden von der Gemeinde festgesetzt. Und dabei legen die noch drauf. Sie dürfen ja so viel Wasser benutzen, wie sie wollen!"

„Phh", macht Frau Mühlbauer, ich brauche nicht viel. Man braucht schließlich keine volle Wanne, um den Waschlappen ordentlich mal nass zu machen. Also würde die Hälfte des Geldes für mich schon dicke ausreichen. Auch zuhause verbrauchen wir kein Wasser. Das Wasserwerk war schon zweimal bei uns, um unseren Wasserverbrauch zu messen!" Jetzt kichert sie boshaft: „Meinen Sie, die haben was gefunden? Die können einfach nicht begreifen, dass wir nichts verbrauchen!"

„Aber, wie geht das denn, Sie kochen doch jeden Tag und waschen muss man ja auch mal!"

Frau Mühlbauer flüstert jetzt so zischend, dass man jedes Wort von ihr überdeutlich versteht:

„Unter den Wasserhahn in der Küche stelle ich einen Eimer. Dann drehe ich den Hahn so weit auf, dass es immer nur „Pling pling" macht. So kann die Wasseruhr keinesfalls anspringen. Langsam aber sicher wird der Eimer trotzdem voll. Tropfen für Tropfen. Das gibt dann zwei volle Eimer Wasser pro Tag. Das reicht für meinen Mann und mich vollständig aus. Einer zum Waschen und für die Klospülung und einer fürs Kochen.

"Aber", fügt sie verschämt hinzu: „Verraten Sie mich nicht!"

Ich höre Frau Keller schweigen!

Klopfzeichen

Was für ein Glück, dass man mich konfirmierte. Jetzt, als ein Mensch der voll im Berufsleben steht, weiß ich das erst richtig zu schätzen. Wenn ich keine Konfirmation gehabt hätte, hätte ich auch kein Konfirmationskleid gehabt. Und das wäre zurzeit fatal! Denn der schwarz raschelnde Taft wird endlich gebraucht. Zwar ist der Rock zu lang und der Reißverschluss klemmt, aber das Kleid ist jetzt mein kleines Schwarzes für alle mehr oder minder wichtigen kulturellen Ereignisse.

Das bedeutet, dass ich, gezwungenermaßen aufrecht gehend wegen des straff nach hinten gezogenen Pferdeschwanzes, jeden Monat einmal ins Theater gehe. Dort setze mich auf meinen extra für mich reservierten Platz und blättere souverän im Programm. Die Leute hören rein gar nichts von mir, außer dem Rascheln meines Taftkleides. Und so was wirkt ja ausgesprochen damenhaft.

Doch in dieser fühlbaren Stille, direkt bevor der Vorhang aufgeht, spüre ich nur eins, nämlich, dass mein Herz ganz stark klopft. Das macht ja den Unterschied. Nach außen bin ich ganz Dame. Aber innen, ja da bin ich herrlich lebendig. Innerlich lache und weine ich mit den Schauspielern auf der Bühne. Ja, bei den herrlichen Tragödien, die meistens Klassiker sind, sterbe ich jedes Mal mit den Heldinnen mit und alles kribbelt in mir. Wenn sich dann der Vorhang senkt und der Saal im grellen Licht der Wirklichkeit aufleuchtet, wische ich mir die Tränen einfach weg. Schließlich möchte ich meine Erschütterung meinem Begleiter nicht unbedingt zeigen.

Ja, ich habe einen ständigen Begleiter für das Theater. Er heißt Hans Gruber und ist unser neuer Gruppenleiter. Außer dass er Verwaltungsangestellter bei der Stadt ist, rührt und mischt er noch in allerlei Töpfen rum. Bei mir hat er die brachliegende Liebe zu allem Wahren, Schönen, Guten, erkannt. Also handelte er und machte meinen Eltern einen Besuch. Er erklärte ihnen schlicht und einfach die Sachlage und dass er mich gerne mit ins Theater nehmen würde, wann immer er selbst ginge. Das Einverständnis der Eltern natürlich vorausgesetzt. Denn ich sei ja noch minderjährig und würde es noch für eine Weile bleiben. Meine Mutter war begeistert. Sie vertraut Hans vollkommen. Außerdem findet sie es ganz prima, dass ich endlich auch einmal ein bisschen von der Kultur beleckt werde. Sie hätte ja leider keine Zeit mehr, groß ins Theater zu gehen, und mein Vater hat ja seinen Fernseher.

Dieser Fernseher, von dem er nicht mehr weg zu kriegen ist, steht neuerdings zwischen meinen Eltern. Wenn mein Vater sich abends wohlig in den Sessel wirft und wie ein hypnotisiertes Huhn in das Gerät starrt, nimmt meine Mutter demonstrativ ein Buch. Möglichst geräuschvoll, damit es auch stört, schlägt sie es in der Mitte auf und mäkelt:

„Kannst Du das Ding nicht ein bisschen leiser stellen?"

„Oje, oje, so was, schau Dir das an", ruft mein Vater dann, um sie abzulenken. Er weiß ja genau, dass die Nachrichten niemals gut sind. Bei der Tagesschau muss man sich aber auch aufregen. Was da so alles in der Welt passiert. Deshalb zieht Mama es auch vor, da gar nicht erst hinzusehen. Aber hin hört sie. Das kennt sie noch von den gemütlichen Abenden, als Papa sich noch auf dem kaputten Schemel zusammenduckte und aus der Zeitung vorlas.

Jetzt wird die Schlechtigkeit der Welt in plastischen Bildern gezeigt. Kluge Leute geben dazu ihre Kommentare in wohlgesetzten Worten ab. Das heißt eigentlich nichts anderes, als dass sie ihren Senf dazu geben.

Die Freude, sich das Fernsehgerät leisten zu können, verdankte Papa wiederum seiner Leistung. Er hatte seiner Firma einen sogenannten Verbesserungsvorschlag gemacht. Das heißt, er hat was erfunden, was ihm auch noch seine eigene Arbeit erleichtert. Und das brachte ihm Bares ein. Dieses Geld investierte er schnell in den Fernseher, und natürlich musste es ein Grundig sein.

Mama hätte es, wohl auch in Anbetracht von Inges enormem Windelverschleiß, lieber gesehen, wenn das Bargeld in eine

Waschmaschine oder zumindest in eine Wäscheschleuder umgesetzt worden wäre. Jeden Tag musste meine Schwester die Windeln ihres Sohnes erst mal von ihrem ekligen Inhalt befreien und dann auf dem Küchenherd in einem Spezialtopf auskochen. In der kalten Jahreszeit jedenfalls. Im Sommer ging das ja noch, denn da konnte sie die Windeln sammeln, soviel sie nur zusammenbrachte, ohne ihr Kind windellos zu machen. Dann wurden die Windeln in die Waschküche gebracht und unter dem Kessel ein Feuer gemacht. Wenn das dann richtig prasselte und das Wasser in dem riesigen, festgemauertem Bottich blubberte, wurde die Wäsche mit einem Dreschflegel geschlagen, und in der Lauge ausgekocht. Frisch aus dem Kessel konnte man sie gleich in den Hof zum Trocknen hängen, und Klein-Olaf hatte in kürzester Zeit frühlingsfrisch duftende Windeln. Leider blieben sie dies auch nur ganz kurze Zeit, nämlich frisch!

Diese Riesenbottiche sind aber auch eine Riesengefahr für kleine Kinder. Meine Mutter scheuchte mich früher immer aus der Waschküche, weil sie Angst hatte, ich könnte in den Bottich fallen. Das ist tatsächlich einmal passiert, gerade, als wir nach Kattenbach kamen. In einem der Nachbarhäuser hatte Frau Schmitt ihren Waschtag. Ihre drei kleinen Kinder spielten um sie herum auf dem glitschigen Boden der Waschküche. Frau Schmitt war ein bisschen zu kurz geraten. Deshalb musste sie sich auf einen Schemel stellen, um die Wäsche im Kessel fachgerecht zu rühren.

Als sie mal kurz verschnaufte, stibitzte die dreijährige Ursula unbemerkt diesen Schemel, stellte sich darauf und krabbelte irgendwie weiter. Sie wollte das geheimnisvolle Innenleben des Bottichs näher ergründen.

Alles ging furchtbar schnell. Ursula fiel in die kochende Seifenlauge und jede Hilfe kam zu spät.

Für die Geschwister war das, was sie da direkt miterlebten, so entsetzlich, dass sie nie mehr unbeschwert lachen konnten. Hanna und Karlchen versuchen, sich gegenseitig Trost zu geben. Sie haben sich, aber sie haben keine gleichaltrigen Freunde. Keiner traut sich an sie heran. Sie wirken immer so unnahbar. Beide gehen noch zur Schule, sie wollen einmal studieren. Das ist überhaupt keine Frage für die beiden, superintelligent wie sie sind! Sie lernen auch nicht, wie normale Leute das tun, oder vielmehr tun müssen. Nein, sie fressen den Stoff im wahrsten Sinne des Wortes in sich hinein. Da muss es natürlich zu seelischen Verdauungsstörungen kommen.

Aber die Mutter, die litt, mehr noch als das verunglückte Kind. Denn sie musste weiterleben. Gewiss, es heißt, die Zeit heilt alle Wunden. Und das stimmt ja auch. Aber es bleiben doch Narben zurück. Die brechen manchmal auch auf und schmerzen. Arme, arme Frau Schmitt! Da braucht man sich wirklich nicht zu wundern, dass sie seit damals immer so einen abwesenden Blick hat.

Mir ist die Waschküche heute noch unheimlich. Obwohl in unserem Bottich niemals was passiert ist. Aber alleine die Vorstellung, es könnte! Kleine Kinder gibt es immer wieder.

Auch eine Waschmaschine ist etwas Unberechenbares. Und so etwas steht dann auch noch in der Wohnung, nimmt Platz weg und kann nur waschen. Da soll sich Inge lieber eine kaufen, wenn sie eine neue Wohnung hat. Bis jetzt kommt sie ganz gut zu Recht in der Mansarde. Abends kommt sie mit ihrem Mann, öfter mal runter, nur um zu sehen, was es im Fernsehen gibt. Sie behauptet, beim Fernsehen könnte sie so gut stricken. Nur fern zu sehen, um unterhalten zu werden, so wie ich das mache, das findet sie zu geistlos. Mein Schwager kommt wegen der Nachrichten oder wegen einer kulturpolitischen Sendung. Komisch, so etwas gibt es doch auch im Radio! Und das kommt ohne die Bilder, die einen angeblich verblöden lassen, aus. Ich finde jedenfalls, dass der Fernseher eine sinnvolle Anschaffung ist, genau wie mein Vater.

Die meisten Leute gehen ins Wirtshaus, oder ins Hotel. Da können sie bei einem Bier auch fernsehen. Zur Freude des Wirts werden das aber meistens mehrere Gläser. Den besten Umsatz macht der Wirt allerdings bei sogenannten Straßenfegern, das sind Krimis in mehreren Teilen. Die Leute werden nämlich ganz raffiniert dazu gebracht wieder ins Wirtshaus zu gehen. Jedenfalls dann, wenn sie wissen wollen, wie es weitergeht.

„Und das", kann mein Vater nicht oft genug betonen, „haben wir nicht nötig." Denn da steht er ja, der nagelneue Fernseher, und zwar der mit der größeren Mattscheibe, bar bezahlt!

Jetzt besuchen uns auch öfter mal Leute, genauer gesagt, Männer, die ich kaum kenne. Solche Leute kommen vorzugsweise bei Fußballübertragungen. Die liebe ich nicht. Aber die Vorabendserien, zum Beispiel „Vater ist der Beste" die liebe ich. Was gibt es da für eine wunderbare Familie! Der Vater bringt immer wieder alles in Ordnung, auch wenn die Lage noch so verzwickt aussieht, und die Kinder sind einsichtig und klug und außerdem noch schön! Und die Mutter lächelt ständig verzeihend, ganz wie ein Filmstar.

Ach ja, und die tollen Filme, meistens sind sie nicht mal zwanzig Jahre alt, aber das ist egal, denn die sind sowieso in schwarz weiß, passen also auf jeden Fall ins Fernsehen. Eines Tages gibt es sicher auch bunte Sendungen, aber das ist noch lange hin, und das ist auch gut so. Denn dann braucht man schon wieder ein neues Gerät, das Geld kostet.

Manche der auserwählten Mattscheibenbesitzer haben auch einen grünen Schirm vor derselben. Dazu tragen sie dann spezielle Brillen. Das soll gesünder sein. Was ist daran gesünder, frage ich mich, wenn die Welt auf dem Bildschirm in einem fahlen Grün erscheint? Ich finde, das passt nur für die Leichen im Krimi.

Am Schönsten finde ich allerdings die Fernsehspiele, die ich bereits als Theaterstück gesehen habe. Es freut mich einfach, Schauspieler mit klangvollen Namen im Fernsehen wieder zu sehen, die ich in der Stadthalle schon genießen durfte. Da ist beispielsweise Paul Verhoeven. Dieser Mann hat einen unwahrscheinlich dicken, quadratischen Kopf. Man kann förmlich das Wissen sehen, das darin aufbewahrt wird. In einem modernen Zwei Personen Stück hat er sich auf der Bühne mit der noch immer schönen Hilde Krahl ein geistreiches Duell voller Bosheit geliefert. Herrlich! Die beiden haben es fertiggebracht, sich mit dem charmantesten Lächeln die größten Gemeinheiten an den Kopf zu werfen.

Dann taucht der dickköpfige Herr mir nichts, dir nichts, im Fernsehen auf und ist ein ganz braver Regisseur, der vorzugsweise mit seinen Kindern Theater macht. Nicht immer kommen die Zuschauer um seinen Charakterkopf herum. Nämlich dann nicht, wenn er selbst auch noch mitspielt. Aber, solche großartigen Akteure braucht die Welt. Wer sollte denn sonst die ganzen Lebensweisheiten fernsehgerecht servieren? Ich bin stolz, sagen zu können, den einen oder die andere schon leibhaftig gesehen zu haben. Aber, das ist wirklich kein Wunder, denn die richtigen Filmstars sind sich für das Fernsehen zu schade. Also greift das Fernsehen auf die zweite Liga zurück. Und das sind richtige Profis, die im Kino immer nur mit Nebenrollen abgespeist wurden, aber nichtsdestoweniger ihr Handwerk von der Pieke auf gelernt haben. Die brauchen sich auch nicht zu scheuen, auf den magischen Brettern zu stehen. Auge in Auge mit den Zuschauern.

Natürlich bin ich auch enttäuscht, dass ich Ruth Leuwerik und Dieter Borsche, oder das „Seelchen" vom Dienst, die Schell, sowie ihren ständigen Partner, den O. W. Fischer und viele andere nicht zu sehen bekomme. Auch Lilo Pulver lacht nicht vom Bildschirm.

Aber, wenn es Bambis gibt oder Filmfestspiele, dann lassen diese Stars ihr Bad in der Menge schon vom Fernsehen übertragen. Dann rauschen sie in Großaufnahme, und Küsschen werfend, heran, die Götter und Göttinnen der Leinwand. Mir bleibt da halt nichts anderes übrig, als weiterhin ins Kino zu gehen, der Sonntagnachmittag ist ja noch frei.

Doch es geht nichts über Opern. Dabei ist es eigentlich egal, in welcher Sprache die gesungen werden, denn man versteht den Text vor lauter Tirilieren sowieso nicht. Daher ist es ratsam, zu wissen, worum es sich handelt. Ja, dann erlebt man die Musik auch noch viel intensiver. Wenn es um was Dramatisches wie

Schuld und Verzweiflung geht, kann man damit rechnen, dass das Orchester anschwillt. Am erhabensten wird es jedoch bei Mord! Deshalb hat jede bedeutende Oper auch mindestens einen Mord oder zumindest etwas Gleichwertiges im Libretto. Für solche großen Erlebnisse fahre ich mit Hans jedoch meistens nach Frankfurt. Für Großes braucht man eben die Großstadt!

Für kleinere Dinge reicht auch der kleinere Ort.

Hans mischt bei allen möglichen Vereinen mit. Ganz stark aber engagiert er sich für die Natur, also für alles, was diese hervorbringt. So erklärt er jedem, der nur einen Funken Interesse heuchelt, alles über die Vielfalt der Pflanzenwelt. Und das macht er liebevoll, den Pflanzen und den Menschen gegenüber.

Im Vogelschutzverein schützt er die Vögel, beim Roten Kreuz die Menschen, beim Gesangverein den Gesang und beim Heimatverein die Heimat. Dabei bleibt er immer freundlich, auch wenn er dasselbe schon zum fünften Mal erklärt.

Hans ist ein Flüchtling aus Schlesien, aber das merkt man ihm heute nicht mehr an. Er redet genauso wie unsereins. Ein Glück für uns, dass er aus Schlesien flüchten musste, wir brauchen solche Menschen! Ja, er sprang auch genau in dem Moment als Gruppenleiter bei uns ein, als uns Lothar verloren ging. Der verschwand plötzlich aus unserem Leben. Das geschah wenige Tage, nachdem die Jungen ihn an den Baum gebunden hatten und einseiften. Vielleicht hat er die Zwangsrasur damals ja nicht als das genommen, was sie sein sollte, nämlich als einen Akt der Reinigung.

Seit Hans unsere Gruppe leitet, haben wir von allem ein bisschen mehr: Wir haben mehr Niveau, mehr Demokratie, und das Wichtigste von allem: Mehr Frohsinn!

Es fing mit einem Klopfen an. Erst zaghaft und hintergründig. Nach einigen Tagen wurde das Geklopfe aber stärker und ja, irgendwie fordernder. Das Klopfen kam aus meinem Bauch. Ich hatte noch nie solche Geräusche fabriziert und war deshalb auf eine ganz eigene Art und Weise fasziniert. Die Faszination hörte jedoch schlagartig auf, als die Klopfzeichen so fordernd wurden, dass sie schmerzten. So geschehen eines mittags im Frühling, mitten im Laden und unter den Augen der Chefin. Ich krümmte mich.

Frau Jäger warf mir daraufhin einen ihrer unnachahmlichen Blicke zu und zischte:

„Ulrike, benehmen Sie sich!"

Ich versuchte, mich zu benehmen und richtete meinen Oberkörper soldatisch auf. Daraufhin schoss mir ein irrer Schmerz durchs Gehirn. Ich hörte im Hinterstübchen gerade noch die Chefin näseln: „Wenn Ihnen was fehlt, müssen Sie das sagen. Na, was meint denn Ihre Mutter dazu?"

„Meine Mutter weiß nichts von den Schmerzen", keuchte ich und ließ mich in den einzig verfügbaren Stuhl für gebrechliche Kundinnen fallen. Ich war mir voll bewusst, ein Tabu gebrochen zu haben, aber das war mir jetzt ganz egal. Der Schmerz raste im Eiltempo durch mich hindurch und ich hielt mir die Seite.

„Ich muss zum Arzt", stöhnte ich.

„Dann gehen Sie!"

Frau Gutmann gab mir einen Zettel mit der Adresse einer Ärztin, die ich gut kannte, als Kundin wohlgemerkt. Ihre Praxis befand sich am Markt, das war nicht weit. Aber mir kam es weit vor und ich hoffte, dass sie wenigstens Sprechstunde hatte.

Sie hatte.

Sie blickte mich besorgt mit ihren kleinen farblosen Augen an.

„Sie müssen sofort ins Krankenhaus, der Blinddarm ist schon vereitert!

„Aber, aber", mühsam versuchte ich, gleichzeitig meine Tränenflut zu bremsen und einigermaßen normal zu atmen und zu reden. Es gelang mir auch, der Frau Doktor klar zu machen, dass meine Eltern keinerlei Ahnung von meiner Situation hatten und auch kein Telefon. Wenn ich also jetzt ins Krankenhaus ginge, noch dazu ohne Krankenschein, gälte ich praktisch als verschollen.

Nach langem Hin-und Her erlaubte sie mir, noch einmal ins Geschäft zu gehen, um meinem Chef Bericht zu erstatten. Danach durfte ich ein letztes Mal nach Hause und in meinem eigenen Bett schlafen. Sie machte mir jedoch klar, dass ich unbedingt am nächsten Morgen im Stadtkrankenhaus zu erscheinen hätte. Bei ihrem Mann, dem Herrn Oberarzt. Bei ihren letzten Worten zog ein einsames Leuchten über ihr Gesicht. Ich glaube kaum, dass das mir galt, aber sie war trotzdem freundlich, viel netter als sonst als Kundin.

Ich saß verkrümmt auf dem Besucherstuhl im Büro meines Lehrherren. Der Laden war schon geschlossen und Herr Jäger ging noch ein paar Rechnungen durch. Es mussten Rechnungen sein, so grimmig, wie er die Papiere fixierte. Als er aber den Blick hob und mein bleiches Gesicht sah, wurde seine Miene bedeutend freundlicher:

„Na, na, so schlimm wird es schon nicht werden. Sie gehen ins Krankenhaus, lassen sich den Blinddarm raus nehmen und am Montag sind Sie wieder da!"

Der Chef meinte es ja gut, er wollte forsch wirken und mir Mut machen. Ich quittierte seine Bemühungen mit einem schiefen Lächeln, das mir jetzt umso leichter fiel, weil das Klopfen ganz aufgehört hatte. Seit ich wusste, dass ich unters Messer musste, hatte ich auch keine Schmerzen mehr. Herr Jäger versicherte mir, dass er selbst auch schon seit Jahrzehnten ohne Blinddarm lebe Er vermisse ihn auch nicht. Im Übrigen sei die Operation heutzutage eine reine Routinesache.

„Die schnippeln solche Wurmfortsätze dauernd raus, da brauchen Sie keine Angst zu haben!"

Ich hatte auch keine, aber Mama hatte welche. Sie wurde ganz lieb, brachte mich mit dem Bus ins Krankenhaus und blieb so lange bei mir, bis sie wusste, dass Samstag war und man heute nicht mehr operieren würde. Die Ärzte hatten schon mit dem Wochenende begonnen, auch der Herr Oberarzt. Eine wohlbeleibte Schwester gab mir eine Spritze, und siehe da, die Schmerzen kamen wieder. Vorerst blieb ich in einem Zimmer, das ich mit einem jungen Mädchen teilte, das auch auf seine Operation warten musste. Sie wurde von der Schwester nicht mit einer Schmerzspritze gequält, dafür aber gründlich gewaschen, und zwar im Gesicht. Denn sie hatte die unverzeihliche Sünde begangen, geschminkt im Krankenhaus zu erscheinen.

Zehn Betten fasst der Krankensaal und die sind voll ausgebucht mit Frauen jeden Alters. Hinter der offenen Tür stehen noch einmal zehn Betten, die ebenfalls alle belegt sind. Das ist ein Bienengesumm, wenn sie ruhig sind und ein chaotischer Lärm, wenn sie miteinander reden. Und da soll man gesund werden? Jetzt weiß ich auch, warum diese Anstalt hier Krankenhaus heißt. Hier wird man krank!

Ich bin noch einmal davon gekommen. Meine klassische Ohnmacht legte ich bereits vor der Operation hin. Ich rutschte, als die Betten gemacht wurden, einfach am Bettpfosten ab und ins Leere. Gerade noch hörte ich die Schwester schreien: „Um Gottes willen", da landete ich schon im Vergessen.

Natürlich habe ich ein dickes Pflaster oder so etwas Ähnliches auf meiner Seite, und es zieht und fühlt sich roh in meinem Bauch an. Aber, das hat auch einen unschätzbaren Vorteil: Jetzt weiß ich, mit einer Trefferquote von 100%, immer zu sagen, auf welcher Seite rechts ist. Ganz egal, wie ich gehe, stehe oder sitze. Ich spüre das nämlich! Rechts ist da, wo einst mein Blinddarm war!

Bei der Visite am Morgen nach der Operation fühle ich mich schon ganz munter und erfahre, dass ich die Ehre hatte, vom Herrn Oberarzt persönlich operiert worden zu sein. Und das, obwohl ich nur ein ganz gewöhnlicher Kassenpatient bin. Er kommt, gibt mir die Hand, beugt sich über das Krankenblatt, rückt seine Hornbrille zurecht und meint:

„Bald wird es Dir wieder gut gehen, ääh, Ulrike! Aber, das sah gar nicht gut aus!"

Ich sage artig, weil das ja wahrscheinlich so von mir erwartet wird: „Vielen, vielen Dank, Herr Doktor, dass Sie mich selbst operiert haben. Ihre Frau hat mich ja auch extra zu Ihnen geschickt, weil ich bei Ihnen in den besten Händen wäre!"

„Gut, gut!" Ich bin abgehakt.

Er wendet sich dem nächsten Bett zu: „Die Galle von vorgestern, richtig?" Seine Leute nicken eifrig und bewegen sich exakt mit derselben Drehung wie er, dem Nachbarbett zu. Die dicke Lilli darin stöhnt schon programmgemäß.

„Das ist Fräulein Bayer, sechsundzwanzig Jahre alt, Herr Oberarzt, sie wurde vorgestern …

„Ich weiß, ich weiß", winkt der ab, der Rest geht in fachmännischem Gemurmel unter, und der Halbgott in Weiß zieht weiter, sein Gefolge stets dicht auf den Fersen.

Kurz bevor die „Visite" kommt, machen sich die Damen erst mal schön. Das heißt, sie kämmen sich und drücken die diversen Löckchen in Form, denn Schminke ist ja nicht erlaubt. Es wird mir aber wohl für immer ein Rätsel bleiben, wie eine Frau gleichzeitig verführerisch und leidend aussehen kann. Denn so zieht sie die Aufmerksamkeit der behandelnden Ärzte doppelt auf sich. Das sind gewöhnlich drei. Der Oberarzt selbstverständlich, der Stationsarzt und der Assistenzarzt, der nichts zu sagen, dafür aber die meiste Arbeit hat. Zur Station, gehören noch die Stationsschwester, genau die, welche die Schönheit aus den Gesichtern junger Mädchen wäscht. Außerdem drei normale Schwestern, eine Nachtschwester und eine Lernschwester fürs Grobe.

Kaum ist die ärztliche Gesandtschaft verschwunden, wird das Essen angeliefert. Dabei geht es ausgesprochen ungerecht zu.

Diejenigen nämlich, denen es am besten geht, bekommen auch das beste Essen. So was Richtiges, mit Fleisch oder zumindest Hackbraten. Dann gibt es Leute, denen man immerhin schon gedünstetes Gemüse mit Kartoffelbrei serviert. Aber ich und die Lilli, wir kriegen undefinierbaren, schal schmeckenden Schleim und dazu fahlen Tee. Genau das, was frisch Operierte brauchen, um Lebenskraft zu tanken!

Ich sehe jedoch ein, dass die Innereien jetzt geschont werden müssen. Und ich will nicht undankbar sein, denn wir bekommen wenigstens was zu essen. Das war vor Zeiten, als meine Schwester am Blinddarm operiert wurde, noch ganz anders. Sie war damals drei Jahre alt und zeigte überhaupt keine Einsicht. Denn als Mama sie am dritten Tag nach der Operation besuchte, flehte sie sie an:

„Bitte, bring mir doch was zum Essen mit, und wenn es nur ein trockenes Brötchen ist! Die lassen mich hier verhungern!"

Genau diese Geschichte höre ich wieder, als die Besuchszeit beginnt und meine Mutter erscheint. Der Rest der Familie lässt grüßen, und sie findet, dass ich schon wieder ganz gut aussehe. Das ist sehr tröstlich zu wissen, denn es beweist, dass sie mich noch nicht aufgegeben hat!

Meine Nachbarin, die Lilli Bayer, ist viel schlechter dran als ich. Sie hat zu viel Gewicht. Das kommt daher, weil sie zu viel isst. Am liebsten süße Sachen und solche mit viel verborgenem Fett. Das führte aber zu ihren Gallensteinen. Jetzt haben sie ihr die rausgeholt. Und weil sie es an der Galle hat, darf sie jetzt nichts Süßes und Fettes mehr essen. Aber, gerade das Essen ist ja ihre große Leidenschaft und gleichzeitig ihr Trost in allen Lebenslagen. Denn, weil sie zu dick ist, ist ihr auch ihr Bräutigam weggelaufen. Das heißt, er hat sich anderweitig umgesehen.

„Aber", hat sie mir schluchzend gestanden, „der wollte mich doch nur wegen meines Geldes!"

Da vernahm ich mit Staunen, dass sie die einzige Tochter und Erbin vom Marmor-Emmerich ist. Der importiert edles Gestein für die Häuser der Edlen und Reichen hierzulande und hat eine Tochter, die so gar nichts Edles an sich hat.

Als ich mich gewundert habe, dass sie hier so beim gemeinen Volk liegt und nicht privat, hat sie mir die Sachlage erklärt. Sie ist ganz normal versichert, weil sie auch ganz normal arbeitet, als Chefsekretärin und rechte Hand ihres Vaters. Dann erzählt sie weiter, dass sie einen besonders tüchtigen Angestellten in der .Firma haben Der versteht etwas von den Marmorgöttern und fährt deshalb öfter mal nach Italien, um einzukaufen. Und ja, dann bringt er ihr regelmäßig seine Abrechnungen, damit die Firma seine Reisekosten erstatten kann. Sie kann nämlich sehr gut rechnen. Das hat sie von ihrem Vater, der auch einmal ganz klein angefangen hat und mittlerweile schon über hundert Arbeiter beschäftigt.

Bei der dritten Reisekostenabrechnung hat Charlie sie das erste Mal geküsst. Bei der Fünften oder Sechsten wurde aus dem Techtelmechtel Ernst und bald galten sie als verlobt. Aber die Lilli hat schon gemerkt, dass er auch anderen Mädchen nachsah. Einmal hat sie ihn erwischt. Es war in der großen Halle, ausgerechnet dort, wo der rosa Granit gelagert ist. Da hat er doch tatsächlich mit einer kleinen Büromaus rumgeknutscht. Dabei hatte die keinen Pfennig und sonst auch nichts, außer dass sie ungefähr fünfzig Pfund weniger auf die Waage brachte, als sie. Und weil die Lilli so gut rechnen kann, kann sie sich auch ausrechnen, dass das mit dem Charlie nichts wird.

Arme Lilli, jetzt laufen ihr wieder die Tränen herunter. Ob die von den Schmerzen kommen, die sie immer noch hat, oder ist es der Kummer? Wer weiß?

Sie tut mir leid. Ich kann ihr nicht helfen. Aber ich kann ihr zuhören.

Die Männer, dieses Thema ist überhaupt unerschöpflich. Sie kommen nach Feierabend zur Besuchszeit. Natürlich nicht zu mir. Aber gerade ich kann mir dann mein eigenes Bild über die viel Gerühmten und die viel Geschmähten machen. Ich liege ganz entspannt im Bett, zugedeckt bis zum Kinn, so dass ich überhaupt nicht auffalle, dafür aber einen denkbar guten Beobachtungsposten habe.

Von der Tür kommt es fragend: „Lilli?"

Hoffnungsvoll haucht diese: „Ja?"

Ganz schnell fällt ein Grauschleier über Lillis Gesicht, als sie ihren Vater erkennt. Dabei ist der ganz nett, tätschelt liebevoll ihr verheultes Gesicht und legt einen riesigen Blumenstrauß auf ihren Nachttisch. Diskret drehe ich mich um. Einige Wortfetzen bekomme ich jedoch mit. Es geht um einen neuen Geschäftszweig, ich höre was von Marmorskulpturen, und ja, der Junge, der Charlie, ist gerade drüben in der Toscana und sieht sich mal um.

„Also, der Charlie, der hat ein goldenes Händchen", freut sich Herr Bayer. Als Antwort schluchzt Lilli wild auf. Haben denn die Männer, selbst wenn es sich um Väter handelt, überhaupt kein Gefühl?

Zwei Betten weiter gibt Frau Schulte ihrem kleinen, wieseligen Mann Anweisungen über die Führung des Haushaltes. Er soll die beiden großen Mädchen mehr ran nehmen. Frau Schulte kenne ich schon lange. Das heißt, ich rieche sie schon lange. Sie riecht nach Fisch. Wir benutzen denselben Bus, aber sie fährt weiter bis Auenheim. Abend für Abend wird im Bus über ihren Geruch gelästert. Ich gebe ja zu, dass der sehr intensiv ist, aber Frau Schulte kann ja nichts dazu. Denn sie arbeitet in der Nordsee und verkauft von morgens bis abends Fisch. Da bleibt der Geruch halt hängen, in den Kleidern, in der Haut, in den Haaren. Manchmal fährt ihr Mann als Verstärkung mit im Bus. Dann verteidigt er sie immer und erklärt jedem, ob er es hören will oder nicht, wie sauber seine Frau wäre, und das sie jeden Abend duscht. Das hilft aber nichts. Die Leute wollen sich nun mal empören. Irgendwie fühle mich da unbehaglich. Ich weiß auch nicht, warum. Vermutlich schäme ich mich für die Leute, die so schrecklich über die arme Frau lästern. Aber sie riecht auch wirklich schlimm. Hier merkt man nichts von ihren untrüglichen Merkmalen. Meistens ist sie still. Und wenn sie so in ihren Kissen versinkt, sieht man fast gar nichts von ihr. Sie hatte sich auch Gallensteine an geärgert, wie die meisten Frauen hier.

Nur die flotte Ellen hat's noch mit dem Blinddarm. Und das zum zweiten Mal. Vor vier Wochen hat man ihn ihr rausgeschnitten, da war noch alles gut. Drei Wochen später hat sie Rock'n Roll mit Überschlag getanzt, da war nichts mehr gut. Es tat einen Zisch oder so etwas Ähnliches und die Narbe ist geplatzt. Daraufhin gab es ein Wiedersehen mit den Operateuren. Und jetzt tut es richtig weh. Dazu kommt noch, dass die neue Narbe selbstverständlich nicht mehr bikinigerecht zusammengeflickt werden konnte. Hoffentlich ärgert sich die flotte Ellen jetzt nicht auch noch Gallensteine an.

Wir haben hier eine richtige, echte Seemannsfrau. Von Braut kann man nämlich nicht mehr reden. Nach dreizehnjähriger, mehr oder weniger losen Verlobung suchte ihr von den Meeres- und Schicksalswellen umhergeworfener Nils nämlich endlich seinen Heimathafen. Den fand der Vollmatrose ausgerechnet im tiefsten Binnenland. Nachdem er seine Seemannsbraut zur Frau Boje gemacht hat, schippert er weiter um die Welt. Im Moment umrundet er wahrscheinlich gerade das „Kap der Guten Hoffnung". Da gibt es den „Fliegenden Holländer", gefährliche See, und jede Menge Schauergeschichten. Sie liegt im Krankenhaus, hält das Andenken ihres Seemannes wach und singt uns Lieder von Stürmen, Klabautermännern und Piraten vor. Ich schreibe mir diese Lieder alle auf und präge mir die Melodien ein. Langsam begreife ich, dass es jenseits dieser Mauern noch eine Welt gibt, eine unendlich größere sogar. Die Zeit in diesem Saal ist aber auch nicht vergeblich. Man kann ja so viel lernen.

Eins der Lieblingsthemen im Saal ist das Kinderkriegen. Aber da versuche ich, nicht hinzuhören. Denn das sind zumeist auch Schauergeschichten. Eine Blinddarmoperation ist schon schlimm genug, was brauche ich da einen Kaiserschnitt?

Komisch, wenn ich meine Mutter frage, wie das Kinderkriegen bei ihr war, ob es wehgetan hat und so, dann schmettert sie das Thema immer recht elegant ab mit den Worten:

„Wenn man dann *(die Betonung liegt auf dann)* das Baby hat, ist alles vergessen, jeder Schmerz, dann ist man nur noch glücklich!"

Ob das Glück dann bleibt? Immerhin werden aus Babys Kinder, und aus Kindern problematische Jugendliche! Nein, da halte ich es lieber mit Frau Johann. Die ist glücklich, nur mit ihrem Mann. Das kommt bestimmt davon, dass sie ihn erst geheiratet hat, als sie keine Kinder mehr bekommen konnte.

Meine Schwester, die ja erst vor einem knappen Jahr ein Baby bekommen hat, kann sich angeblich an die Geburt überhaupt nicht erinnern. Nehmen wir mal an, sie soll mir nichts erzählen, weil ich so etwas noch vor mir haben könnte, dann kann ich nur lachen. Hier, in diesem Krankensaal könnte ich eine Aufklärung hoch zehn bekommen. Aber ich will ja gar keine!

Vielleicht wurde Inge das Erinnerungsvermögen auch wirklich genommen, denn sie hat ja in der Ostzone entbunden. Immerhin durfte sie anschließend das Kind sogar mitnehmen.

Ein ewig junges Thema ist jedoch die unglückliche, weil noch immer kinderlose Soraya. Sie füllt den deutschen Blätterwald mit der schönsten Beständigkeit. Millionen dürfen mit der schönen Exkaiserin leiden. Die Storys über sie werden nur knapp von Sissi und dem Getratsche um Romy Schneider überboten. Ja, bei den Diskussionen um Filmstars und anderen Persönlichkeiten, da kann ich mithalten. Man geht ja schließlich ins Kino!

Als es mir besser geht und ich deshalb auch besseres Essen bekomme, trage ich ebenfalls zur Unterhaltung bei. Ich zeige meinen echten Negertanz, den ich einst in einem Kindererholungsheim uraufführte, der aber immer noch zu meinem Repertoire gehört. Darin stelle ich ein wild gewordenes böses Weib dar, das zuletzt ihren von einer Schlange gebissenen toten Mann auffrisst. Das mache ich aber nur symbolisch. Alle hatten wir Spaß, manche aber auch Schmerzen, weil sie so lachen mussten.

Gerade bei der Schlussszene tauchte außerplanmäßig unser Assistenzarzt auf. Das ist ein ganz lieber, zu groß geratener Junge, der aber selbst schon zwei kleine Kinder hat. Ich weiß das, weil ich seiner Frau auch schon mal ein paar Kleider zur Auswahl bringen musste. Sie konnte wegen der Kleinen nicht weg und hatte die Sachen telefonisch bestellt.

Obwohl diese Frau nur in einer Altbauwohnung wohnt, also rechnen muss, gab sie mir fünfzig Pfennige Trinkgeld. Das merkte ich mir und natürlich auch den außergewöhnlichen Namen. Auf dem Klingelknopf stand Dr. Sparwasser. Und auf dem Namensschildchen des Ärztekittels steht dasselbe.

Der junge, große und blonde Doktor Sparwasser erinnerte mich an meine Wunde. Er meinte, ich solle mit den wilden Zuckungen lieber aufhören, damit mir nichts passiert. Dann redete er mir noch ins Gewissen: „Wenn man so etwas macht, wie Du, dann müssen die Patienten doch lachen. Das, Ulrike, ist zwar gesund, aber nicht bei uns. Da könnte so manche Narbe aufplatzen. Weh tut es auf jeden Fall! Also, ab ins Bett!" Er sagte dies so freundlich, dass ich nur einen roten Kopf bekam und ohne ein weiteres Wort in mein Bett ging. Der Tanz war sowieso gerade zu Ende.

Als meine Mutter mich nach Hause holte, war es über Nacht Frühling geworden. Die Welt erstrahlte in frischem Grün und überall roch es verheißungsvoll nach Leben.

Der schlafende Philosoph

Das habe ich nicht verdient!" Ich hielt mein quasi druckfrisches Zeugnis meiner Lehrerin vor die Nase und tippte auf die Note, die sie mir in Fleiß verpasst hatte.

Frau Ahrens schaute mich fassungslos und voller Unverständnis an. Ich vermute, sie hat es noch nie erlebt, dass einer ihrer Schüler sich über eine Eins beschwert hat. Ich weiß natürlich, dass ich auf sie gewirkt haben muss, als hätte ich nicht alle Tassen im Schrank, ich kam mir ja selbst so vor. Und, ehrlich gesagt, war ich mir auch nicht ganz sicher, ob mich wirklich mein ausgeprägtes Gerechtigkeitsgefühl dazu trieb, diese Note zu beanstanden. Vielleicht war es auch genau das Gegenteil, nämlich ein im höchsten Maße übersteigertes Geltungsbedürfnis, verbunden mit einer gehörigen Portion Dummheit. Nichtsdestoweniger blieb ich beharrlich dabei, diese Note nicht verdient zu haben.

Dass ich meine Hausaufgaben öfter nicht gemacht habe, und sie erst kurz vor Unterrichtsbeginn bei Elisabeth abgeschrieben habe, das wusste sie zum Glück nicht. Aber so blöd, ihr das auch noch zu erzählen, bin selbst ich nicht.

Sie sah mich fest an: „Seien Sie nicht so bescheiden, Ulrike, glauben sie mir, sie haben die Eins verdient. Wie oft haben Sie sich freiwillig gemeldet, um die Schaukästen zu gestalten. Das sind Fleißaufgaben, die honoriert werden müssen!"

Tatsächlich hatte ich mit Elisabeth zusammen mehrfach die Schaukästen auf dem Flur bestückt. Das hatte ja auch Spaß gemacht! Einmal brachten wir einen geschichtlichen Abriss über Leinen. Da konnte ich nach Herzenslust Nofretete, die schöne und tugendhafte Gemahlin des ägyptischen Königs Echnaton zeichnen. Nofretete ist die historische Lieblingsfrau unserer Lehrerin, daher das „tugendhaft". Das hatte sie uns einmal diktiert. Ich hüllte die Königin auch korrekt in königliches Linnen. Dieser Ausdruck ist uns geläufig, da wir gerade den Roman „Sinuhe, der Ägypter" unter der Bank lesen. Elisabeth bastelte mit viel Liebe den Hintergrund, nämlich den Palast des Pharaos. Er bestand aus Packpapier, weil dies dem Baumaterial der Pharaonen sehr ähnlich ist. Jedenfalls in der Farbe. Außerdem ist es sehr stabil und reißfest. Dazu kam eine Tabelle, mit der wir fein säuberlich die Geschichte des Flachses dokumentierten. Da wir sie gemeinsam erarbeitet hatten, nehme ich an, dass sie auch einigermaßen stimmte. Auf alle Fälle wurde es ein hübsches Fenster. Manchmal blieb sogar jemand davor stehen, der von Berufs wegen rein gar nichts mit Leinen zu tun hatte,

Mit Baumwolle machten wir es genauso. Das Fenster bekam aber zusätzlich noch ein Zugeständnis an die Technik. Ich ließ von meinem Schwager eine Zeichnung der Cotton-Jenny, einer nervösen Spinnmaschine, anfertigen. Die gehörte zur technischen Revolution in England, hatte tausend Röhren und noch mal tausend überempfindliche Details. Er verfertigte die Zeichnung wirklich mit viel Talent und überaus präzise. Die schnitt ich dann auch sehr talentiert und präzise aus und klebte sie in die Baumwolllandschaft im Schaukasten. Ullrich macht so etwas gern. Er hat einen Blick für das Künstlerische. Ich kann das nur bestätigen, denn ich erntete viel Lob für die tolle Zeichnung.

Wir hatten auch eine echte, aufgesprungene, also reife Baumwollkapsel in unserem Fenster, die jedem, der ein bisschen Fantasie hat, eine tolle Südstaatenromantik vermittelt. Man sieht förmlich Scarlett O`Hara, Kleid und Krinoline raffend, über die weiß leuchtenden Baumwollfelder von Tara schweben.

Mit Elisabeth zusammenzuarbeiten, macht wirklich Freude. Sie braucht nie groß nachzudenken, die Gedanken kommen bei ihr von selbst angeflogen. Sie passt auch nicht besonders auf im Unterricht, das hat sie nämlich gar nicht nötig. Ja, wahrhaftig, sie hat so etwas Magisches an sich. Jedes Mal, wenn sie ihren rabenschwarzen Pferdeschwanz kreisen lässt, wird ihre Intelligenz aktiviert und sie schreibt die nächste Eins!

Dabei ist sie so zurückhaltend, dass sie nicht einmal merkt, wie „Holger der Große" anfängt, sie wahr zu nehmen. Im Klassenzimmer spitzt er die Lippen und sieht Elisabeth dabei unverwandt an. Das heißt, er wirft ihr Blicke über die gesamte Länge des Raumes zu. Ja, es kommt sogar vor, dass er allein auf Elisabeth und damit notgedrungen auch auf mich zukommt. Dann lässt er ganz weltmännisch durchblicken, dass er sie als seiner würdig erachtet. Das artet jedes Mal in so etwas wie in eine Fachsimpelei unter Kollegen aus. Schließlich arbeiten sie ja bei Konkurrenzunternehmen. Er wird als Nachwuchswunder bei Hertie gehandelt und Elisabeth wird jetzt schon vom Kaufhof gefördert. Mit internen Schulungen und entsprechenden Kursen außerhalb. Sie hat sogar einen Mannequinkurs machen dürfen. Elisabeth soll halt mit allen Gesichtern der Mode vertraut gemacht werden. Außerdem kommt der Kaufhof ja auch billiger dabei weg, wenn er bei seinen Modenschauen firmeneigene Mannequins einsetzt. Die kosten nichts und die Spesen sind minimal. Da muss hinter den Kulissen kein Champagner aufgefahren werden. Gutes deutsches Mineralwasser erfüllt ja denselben Zweck.

Ich kann von so etwas wie einer Modenschau bestenfalls nur träumen. Denn es würde keinem Menschen einfallen, mich zu so einem Kursus zu schicken, bei dem Eleganz und fließende Bewegungen Voraussetzungen sind. Der Laufsteg ist ja schließlich kein Trampelpfad.

Den Seinen gibt's der Herr im Schlaf, wie es so schön heißt. Damit will ich sagen, dass angeborene Klugheit eine Gabe Gottes ist. Aber, diese Intelligenz auch richtig umzusetzen, dafür muss man sich schon selbst anstrengen. Das kann Elisabeth, denn sie setzt ihr Köpfchen richtig ein. Und sie hat ein großes Herz. Das merkt man daran, dass sie mich wirklich als Freundin betrachtet. Und darauf bin ich auch ein klein wenig stolz.

Im Schulhof wird Holger schon privater. Na, das ginge ja alles noch, wenn sich nicht immer Günther, der „Schlafende Philosoph", an ihn dran hängen würde. Der meint leider, wenn Holger Elisabeth schöne Augen macht, könne er das Gleiche mit mir tun. Da lässt er seinen verschwommenen Blick über mich gleiten und fragt doch tatsächlich, ob ich nicht seine Freundin werden will.

Was bin ich erschrocken!

Erstens weiß ich gar nicht, was in dieser Funktion alles von mir erwartet wird. Und dann, ich empfinde eigentlich gar kein echtes Verständnis für ihn und seine Philosophen.

„Ich weiß, dass ich nichts weiß", diese superkluge Feststellung des alten Sokrates, wirft Tausende von neuen Fragen auf. Das ist klar. Das ist auch sehr schön und regt zum Nachdenken an. Es verführt auch zu allen möglichen fruchtlosen Diskussionen, die jedoch meistens gar keinen sittlichen Nährwert haben.

Aber das langt doch nicht für eine Freundschaft! Höchstens für eine streng platonische. Aber ausgerechnet von Platon hält er nicht so viel. Außerdem ist da noch was. Denn: Was mache ich, wenn wir irgendwas unternehmen, und er schläft im entscheidenden Moment ein?

Ich befinde mich in einem riesigen Dilemma. Ich weiß einfach nicht, wie ich ihm beibringen soll, dass ich nicht von ihm angefasst werden will. Andererseits möchte ich auch nicht sein hoch entwickeltes Selbstwertgefühl verletzen.

Ja, mit dem Peter, das wäre etwas anderes. Mit dem kann man so herrlich streiten. Wir liefern uns öfter mal, sogar mit Unterstützung von Frau Ahrens, heftige Wortgefechte. Sie stärkt mir den Rücken, hat sogar schon mal laut gesagt:

„Ulrike ist sehr intelligent!" Daraufhin wurde ich rot und Peter meinte lässig:

„Aber ich bin wesentlich intelligenter!"

Sprach's, lehnte sich zurück und brachte mich zur Weißglut. Keiner von uns gibt jemals nach, trotzdem ziehe ich immer wieder den Kürzeren.

Auf dem Pausenhof ist er aber komischerweise wieder nett und aufgekratzt und trotz seines Alters kommt immer wieder der

gewisse Schuljungencharme durch. Da wirkt er meistens gar nicht
wie der Hoffnungsträger seiner Dynastie. Kaum zu glauben, aber
Peter bringt es doch tatsächlich fertig, mich anzulächeln und sogar
lieb zu sein. Wohlgemerkt: Zu mir! Zum Glück kann man es nicht
sehen, wenn mein Herz daraufhin ein paar Takte schneller klopft.

Ach, das Leben ist doch recht kompliziert.

Gebrandmarkt

„Ein Kaufmann muss rechnen können!"

Das sind die ersten Worte, die mein Chef zu meinem Zeugnis sagt. Dasselbe liegt vor ihm, zur Unterschrift bereit. Die Unterschrift des Lehrherren ist nicht nur erwünscht, nein, sie wird ausdrücklich von der Berufsschule verlangt. Desgleichen die des gesetzlichen Vertreters, der normalerweise gleichzeitig der gesetzliche Erzeuger des Schülers ist. Außerdem, durch Stempel vertreten, die Signatur des allgewaltigen Schuldirektors und natürlich die des Lehrers. Der Zeugnisinhaber hat überhaupt nichts zu sagen. Ihm wird nur etwas gesagt, nämlich, dass er sich bessern soll. Herr Jäger tut hiermit nur seine Pflicht.

„Das nächste Mal will ich die Vier hier nicht mehr sehen, haben Sie mich verstanden, Ulrike?"

Ich habe verstanden. Ich bin ja selbst nicht scharf auf die Vier gewesen. Dabei ist sein Blick noch nicht einmal eins runter gerutscht und hat den Zwilling von der Vier im Kaufmännischen Rechnen entdeckt, nämlich die Vier in Buchführung.

„Ich will mich bemühen", sage ich, und ich meine es in diesem Moment auch wirklich so.

Er prüft den Rest, bevor er endlich seinen Füllfederhalter zückt. Da fällt ihm noch etwas auf. Ein Lächeln erblüht in den Mundwinkeln des Chefs, das mir so richtig zu Herzen geht. Automatisch stelle ich mich auf die Fußspitzen, weil ich das Gefühl habe, zu wachsen.

„Also", meint Herr Jäger abschließend, „die Eins in Warenkunde, die freut mich wirklich. Das zeigt mir, dass Sie ihren Beruf ernst nehmen. Wirklich, sehr schön!"

Damit reicht er mir mein Zeugnis und tritt vorläufig ab.

Jetzt erblühe ich wie eine Pfingstrose, obwohl es noch etwas bis Pfingsten dauert. Das ist doch mal was, Gemecker ja, wenn es angebracht ist, aber Anerkennung auch. Da könnten sich seine beiden Frauen mal eine Scheibe von ihm abschneiden.

Der Chef ist ja auch von Frau Ruppel, die vor mir hier lernte und jetzt noch im ersten Stock als Verkäuferin wirkt, immer glatte Dreien gewöhnt. Da gab es keine Höhepunkte, wie bei mir. Ich habe immerhin zwei herausragende Vierer und eine verdiente und eine unverdiente Eins!

Nun, Sigrid war immer bemüht, unauffällig zu bleiben und hat es dank dieser Wesensart geschafft, sowohl in der Firma, als auch privat zu überleben. Um ihrer zänkischen Stiefmutter zu entgehen, heiratete sie gleich nach ihrem achtzehnten Geburtstag ihren Vormund. Durch diese Eheschließung, (er ist immerhin über zwanzig Jahre älter als sie), hat sie gleichzeitig den Vormund in ihm ausgebootet und den ihr zustehenden Platz als respektable Ehefrau eingenommen.

Dieser Ruppel holt sie getreulich jeden Abend ab und führt sie, leicht am Ellbogen haltend, sie könnte ja sonst fallen, die geschwungene Marmortreppe herab. Das hat etwas von einer Zeremonie an sich! Vollkommen gefasst und den Ernst der Lage gleichzeitig erfassend, schreitet er, väterlich, gemessen. Sigrid hingegen bemüht sich mit Erfolg, die Frau an seiner Seite zu spielen.

Tagsüber ist sie allerdings normal. Man sieht schon, dass sie im Grunde noch ein Kindergesicht hat. Auch, wenn sie das überpudert. Aber, ich glaube, das tut sie nur, um ihre Pickel zu verbergen. Sie versteht es auch mit den Chefinnen. Sie redet einfach das, was die hören wollen, seift sie ein. Und das klappt wunderbar. Mit anderen Worten: Man weiß dies zu schätzen! Denn das einstige Lehrmädchen ist nicht nur in das Angestelltenverhältnis übernommen worden, sie hat sogar ein Hochzeitsgeschenk gekriegt.

Also, glatte Drei!

Jeder mag Frau Ruppel, die Verkäuferinnen nennen sie immer noch beim Vornamen und sagen „Du", aber sie darf genauso bedienen und all das tun, was ich nicht darf!

Nur zu unserer Atelierchefin, der Frau Petzold, hat sie ein gestörtes Verhältnis. Und das kam so:

Herr Petzold ist ein stattlicher Mann, der an seiner Frau ihre gute Erbsensuppe und ihren hervorragenden Schweinebraten nach bayrischer Art schätzt. Scherzhaft nennt er sie „Mutti". Als Vertreter für Staubsauger ist er viel unterwegs, zumal er auch noch welche repariert. So kommt es, dass er sein „Muttchen" öfter im firmeneigenen VW abholt. Wenn ich mich beeile, nimmt er mich auch mit, da er sowieso an Kattenbach vorbeifahren muss. Das ist eine wunderbare Sache. Im VW habe ich lange nicht so einen Horror, wie bei Herrn Lammarsch im Messerschmitt Kabinenroller. Da muss man nämlich die ganze Seite der „Kabine" hochheben, nur damit man in das Vehikel einsteigen kann.

Jedenfalls hat Herr Petzold, der Frau Ruppel schon seit Lehrlingstagen kennt, kürzlich mal gesagt, dass sich die Sigrid ziemlich rausgemacht hätte. Er sagte das zwar blumiger, so was mit Gänseblümchen entblättert und so. Aber, er hat es gut gemeint, ohne Hintergedanken. Das hat sein „Muttchen" aber in den falschen Hals gekriegt und der ist angeschwollen. Seitdem behauptet sie bei jeder Gelegenheit, Sigrid sei hinter ihrem Hermann her. Das ist sie nicht, das weiß ich genau, denn mit Herrn Petzold käme sie ja nur vom Regen in die Traufe. Ein alter Mann gegen einen anderen Alten, was soll das?

Dann passierte alles auf einmal. Ich stand im geheiligten ersten Stock und bügelte Sachen auf, die aus dem Schaufenster kamen. Langsam schlenderte Frau Ruppel vorbei, um im Atelier zu verschwinden. In null Komma nichts war sie wieder draußen.

„Du meine Güte, was hat der alte Drachen nur?"

Das hätte sie nicht sagen dürfen, denn schneller als der Schall stolperte der „Drachen" hinterher und kreischte:

„Du verdammtes Flittchen, Du, halt' Dich aus meiner Ehe
raus!"

„Ich will ja gar nichts von Ihrem Mann", schrie Sigrid,
„nehmen sie doch Vernunft an!"

Dafür war es allerdings zu spät. Die in ihrem Zorn
unberechenbare Schneiderin packte Sigrids feines Blondhaar, das
diese gekonnt und damenhaft zu einem vornehmen Dutt am
Hinterkopf fest gesteckt hatte, und riss heftig daran. Natürlich
jaulte die Jüngere, denn das tat jetzt echt weh!

„Ich werd's Dir zeigen, Du kleine Nutte Du", geiferte Frau
Petzold und riss noch einmal kräftig an dem blonden Dutt.

Jetzt wurde die ruhige Sigrid aber von einer wilden Wut
gepackt und sie vergaß sich auch. Halb blind, weil ihr das gelöste
Haar unordentlich über die Augen fiel, packte sie zu und riss nun
ihrerseits dort, wo sie die Frisur von Frau Petzold vermutete.

Dann erstarrte sie.

Sie hielt die gesamte Haarpracht von Frau Petzold in der
Hand.

Inzwischen hatte sich die Szenerie belebt. Frau Gutmann war
geschäftig nach oben geeilt. Zwei Kundinnen hatten das Spektakel
auch nicht versäumen wollen und drei weitere Kolleginnen kamen
noch dazu. Außerdem, als stumme Zeugen: ich und die
Bügelwäsche.

Frau Ruppel gab die Perücke wortlos zurück und Frau
Gutmann führte die haarlose Frau ab. Sie brachte die nun
hemmungslos Weinende in ihr Atelier und redete beruhigend auf
sie ein. Zum Glück war keine der Chefinnen im Hause, dazu war
es noch zu früh.

Und das ganze Theater nur, weil Ruppels Staubsauger nicht
saugte. Sigrid hatte eben mal nachfragen wollen, wann Herr
Petzold seine Frau mal wieder abholen würde. Denn dann hätte
sie ihn nach dem Warum fragen können. Nämlich:

„Warum will er nicht saugen, unser Staubsauger?"

Man rief nach mir, ich eilte gehorsam nach unten. Das heißt, ich wollte eilen. Nachdem ich die Wäsche vor dem Bügeleisen in Sicherheit gebracht hatte, sicherte ich auch dieses, indem ich es auf „Null" stellte und ordentlich verstaute. Nur das Kabel, das hatte was gegen mich. Es wickelte sich um meinen Fuß und ich knallte der Länge nach hin. Das brachte das Bügeleisen wiederum in Aktion, es landete mit Schwung auf meinem Arm und bügelte diesen.

Das heiße Eisen brandmarkte mich und verpasste mir ein weiteres unveränderliches Kennzeichen für meine Ausweispapiere.

Die Tränen liefen schneller als meine Füße. An der Kasse wurde ich mit Weizenmehl aus Frau Jägers Küche bestäubt und bekam einen Verband darüber.

„Das wird schon wieder", tröstete mich Frau Gutmann, und schüttelte ihren grauen Dutt:

„Was für ein Tag!"

Dabei war es gerade erst einmal Mittag.

Vollkommene Harmonie

„Auch ein Indianer kennt der Liebe Macht!" Mit diesem qualvollen Aufschrei eines gekonnt über die Bühne purzelnden Sängers ging der Vorhang zu und die Lichter im Saal flammten auf. Ich war noch ganz benommen von dem Geschehen auf der Bühne.

„La Perichole" (Die Straßensängerin), war das eine tolle Operette! So bunt und prall gefüllt mit Leben, die Melodien, so schmissig und doch zum Mitsingen! Ich beschloss so ganz für mich im Stillen, Jacques Offenbach, der diese herrliche Operette komponiert hatte, zu einem meiner Lieblingskomponisten zu ernennen.

„Schön, nicht wahr?" Hans strahlte mich an, er fühlte sich wohl und gönnte auch mir ein Wohlgefallen. „Wollen wir was trinken gehen?"

„Ich habe keinen Durst, danke", schwindelte ich. Denn die Getränke da draußen im Foyer waren teuer und ich wollte nicht noch mehr Unkosten verursachen.

„Aber ich, ich habe Lust auf eine Kühles Blondes. Also komm, Ulrike, das gehört zu so einem schönen Abend dazu! Weißt du übrigens, dass die Perichole wirklich gelebt hat?"

Während wir uns aus unserer Stuhlreihe kämpften und bei der Bar anstellten, erzählte mir Hans die abenteuerliche Geschichte der Frau, um die es hier ging.

Sie hatte ihre Qualitäten, denn sie schaffte es nicht nur, von der Straße weg zu kommen, sie wurde sogar die Geliebte des Vizekönigs von Peru. Besser gesagt, seine Mätresse. Alle Könige hatten damals, im 17. und 18. Jahrhundert Mätressen. Das gehörte zum guten Ton. Diese Frauen hatten oft sehr großen Einfluss auf die Politik und die Steuergelder. Natürlich unterschwellig, auf zarte, damenhafte Art. Die Fürsten dieser Welt glaubten ohnehin, von Gott auserwählt zu sein. Und nach außen regierten sie ja auch ihr Land.

Was für eine tolle Frau, diese Perichole! Während ich Schluckweise, um den Genuss voll auszuschöpfen, mein Cola trank, freute ich mich schon auf den dritten Akt.

„Ulrike, na so was, was machst Du denn hier?"

„Ingrid!"

Verwundert starrte ich die elegante junge Frau an, die in ihren schlanken Fingern einen Sektkelch hielt und amüsiert auf meine Wenigkeit herab sah. Ich erkannte sie erst auf den dritten Blick: Ingrid Knobloch, die in der Berufsschule in der Reihe vor mir sitzt! Das feine Gesicht dezent geschminkt, die platinblonden Haare zu einer kunstvollen Frisur aufgetürmt, bot sie ein allerliebstes Bild. Sie trug ein modisches Kleid mit passendem Bolero aus hellgrauer, nachgemachter Shantungseide, das sie in eine vollkommene Lady verwandelte. Dazu hatte sie ein geheimnisvolles Lächeln aufgesetzt. Perfekt! Man konnte tatsächlich nur staunen.

„Dass man Dich hier trifft!" Ich war tatsächlich baff, denn Theaterkultur und Ingrid Knobloch, das passte irgendwie nicht zusammen.

„Toll, wie Du aussiehst! Bist Du alleine hier?" Wie aufs Stichwort pflanzte sich ein breitschultriger junger Mann vor uns auf, der mit lässiger Eleganz ein halb volles Bierglas umfasste.

In meinem Kopf wirbelte alles durcheinander. Ich starrte in das markante Gesicht und dachte, mich trifft gleich der Schlag. Ich krallte meine Nägel fest in meine Handflächen, so fest, dass es wehtat. Denn ich wollte unbedingt spüren, dass ich nicht in einem Traum spazieren ging. Hatte ich mich schon gewundert, Ingrid hier zu treffen und noch dazu eine so schöne, so blieb mir jetzt die Spucke weg. Denn der junge Mann war niemand anders als:

„Unser Gerhard!"
Frau Gutmanns Neffe!

Obwohl ich in meinem Konfirmandenkleid wie ein vierschrötiges Kind wirke, erkannte er mich sofort. Weltmännisch gab er mir die Hand und sagte so etwas, wie, er freue sich, mich getroffen zu haben.

Hans nahm das alles ganz gleichmütig hin und fand auch nichts dabei, sich selbst vorzustellen.

„Ihr kennt Euch?"

„Flüchtig", antwortete Ingrids Begleiter. Fräulein Ulrike ist eine Kollegin meiner Tante!"

„Ach so", Ingrid flatterte mit ihren dichten Wimpern und schickte einen himmelblauen Blick aufwärts, direkt in seine Augen.

Was für ein schönes Paar, schoss es mir durch den Kopf. Vollkommene Harmonie und vollkommener Kontrast!

Der Gong ertönte.

„Na, dann, noch einen schönen Abend." Gerhard senkte anmutig seinen Charakterkopf in meine Richtung. Dann nickte er Hans freundlich zu und brachte es gleichzeitig fertig, mich mit seinem ach so überlegenem Lächeln aus der Fassung zu schrauben.

Wieder ertönte der Gong.

Es ist leider eine altbekannte Tatsache, dass es nichts gibt, was so vergänglich ist, wie die Schönheit.

Aber doch nicht innerhalb von vier Tagen!

Die strahlende Ingrid, die jedem Glamour Girl auf Seite eins Konkurrenz machen könnte, ist total in sich zusammengefallen, ein Häufchen Elend! Klein und grau und unscheinbar, mit verheultem Gesicht blickt der Star von gestern in die triste, nebelverhangene Welt.

„Er, er hat Schluss gemacht", schniefte Ingrid in ihr Taschentuch. Das Schniefen bekam weder dem Taschentuch, das man mittlerweile hätte auswringen können, noch ihrer Augenschminke. Die lief, Schmutzspuren hinterlassend, in kleinen Bächen ihre Wangen herunter. Das ganze Mädchen bestand aus verkrampftem Geschluchze.

Wir saßen in der Milchbar. Zum Glück war die Schule heute früher aus. Unsere Frau Ahrens hatte ihre jährliche Grippe genommen, und ihre Vertretung konnte unsere Klasse nicht so besonders gut leiden. Also ließ man in gegenseitigem Einverständnis und zur Freude der Schüler, die allemal was Besseres zu tun hatten, zwei Schulstunden sausen.

Schon, während wir die Pflichtstunden absaßen, hatte sich Ingrid mir zugewandt. Als ich ihre zerbröckelte Fassade sah und dazu den mitleiderregenden Blick, schwante mir etwas. Zu meiner Unterstützung hatte ich die bodenständige Elisabeth mitgenommen. Ja, und jetzt saßen wir hier, schlürften den teuren Milchshake und taten das einzig Richtige. Wir hörten zu!

„Ich habe gedacht, das ist jetzt der Durchbruch", schluchzte Ingrid in ihre Milch. Herr Schäfer hat mich wie eine richtige Dame behandelt, so zuvorkommend. Als er mich ins Theater eingeladen hat, ja, da merkte ich, das ist keiner von der Sorte, die ... hört Ihr überhaupt zu?"

Erneutes Schniefen und dann ein erlösendes, kräftiges Schneuzen! Auch mir war bedeutend leichter, als sie von „Herrn Schäfer" sprach. Also waren sie noch nicht viel weiter gekommen. Wenn man einen Mann förmlich beim Namen nennt, hat man mit ihm noch nicht rum geknutscht, na Gottseidank.

„Weil ..., dies ist mir noch nie passiert, ins Kino, ja, aber nur, weil es da dunkel wird. Herr Schäfer hat Achtung vor mir, der ist nicht wie die anderen. Und so klug ist er. Ja, er ist gerade dabei, seine letzten Prüfungen zu machen. Er hat auch schon eine Stellung in Aussicht. Dann ist er Rechtsanwalt! Er hat gesagt, ihm blute das Herz, aber er hat überhaupt keine Zeit mehr für die schönen Dinge des Lebens, und da gehöre ich dazu. Aber wenn er in der Endrunde nicht jeden Moment zum Lernen benutzt, schafft er sein Examen nicht, oder vielleicht gerade mal so. Aber er fühlt sich verpflichtet, und das, das finde ich edel von ihm, dass er sich verpflichtet fühlt, seine Prüfungen mit Auszeichnung zu machen. Ja, und da störe ich halt.

Es hat so nett angefangen, er hat bei uns einen Hut gekauft und ich habe ihn bedient. Dann kam er wieder und hat sich noch einen gekauft, diesmal für den Sommer. Wir haben miteinander gelacht, weil er die Hüte verkehrt rum aufgesetzt hat. Aber dann hat er es begriffen, das mit den Hüten, meine ich. Trotzdem hat er den Strohhut wieder umgetauscht, aber nur, weil er einen Vorwand brauchte, um mich zu sehen. Ganz spontan sind wir dann zusammen zum Italiener Eis essen gegangen.

Ingrid lernt Modistin im einzigen Hutsalon der Stadt, der handgemachte Hüte verkauft. Eben was Exklusives, deshalb passt sie da auch so gut rein. Sie hat auch schon ein paar eigene Kopfbedeckungen für Damen entworfen. Ich hatte die Ehre, die Entwürfe, zu bewundern, weil Ingrid meinte, ich verstünde was davon. Das glaubte sie allerdings nur wegen meiner Zeichnung von der Cotton-Jenny, dem Meisterwerk meines Schwagers. Allerdings sahen Ingrids Zeichnungen gar nicht so aus, als sollten daraus mal Hüte werden. Da war so ein ovales Gebilde, über das man Filz zog und das nur von einem Ohr zum andern reichte. Dann noch mal das Gleiche, nur mit zwei Blumen rechts und links, das sollten wohl Ohrenschützer sein. Durch die Modellzeichnungen kamen wir uns näher, obwohl ich in meinem tiefsten Herzen eine Hütehasserin bin.

Sie seufzt: „Vielleicht begegnen wir uns ja mal wieder, so hat er das sicher auch gemeint. Oder?“

Schweigen! Dann zustimmendes Nicken. Wir halten die Gläser in einem Zustand, in dem man nicht merkt, dass sie leer sind. Die Bedienung wirft uns nämlich schon so eigenartige Blicke zu

Ingrid blickt auf, schluckt und hofft mit ganzem Herzen. Aber plötzlich geifert sie wütend:

„Verdammt noch mal, das verdanke ich garantiert alles meiner Mutter! Bestimmt hat er von meiner Familie gehört, es wäre ja nicht das erste Mal. Alles macht sie einem aber auch kaputt. Sogar das ganz normale Leben!"

„Wieso?"

Jetzt müssen wir uns doch noch was bestellen. Wir trinken ganz normale Milch, die sie hier aber nicht gern servieren. Dafür schmeckt die Milch nicht frisch, sondern bestrahlt. Die Barhocker sind auch ziemlich hart. So gesehen passt eigentlich alles zu der Geschichte, die Ingrid uns jetzt erzählt.

Unsere ganze Klasse kennt Ingrids Geschichte, weil ihre Familie so bekannt ist wie ein bunter Hund. In der Schule lässt man sie deshalb immer links liegen. Ich dachte, das käme daher, weil Ingrid so ein hübsches Mädchen ist und dass da halt die Eifersucht eine größere Rolle spielt. Für mich persönlich ist sie der Schutzwall, hinter dem ich mich verstecke, wenn wir Rechnen oder Buchführung haben. Erstens sitzt sie so günstig, dass man mich nicht sieht, wenn ich nicht gesehen werden will. Zweitens weiß Ingrid noch weniger als ich, und das weiß wiederum die Lehrerin. Es gab eigentlich nie mehr als gutnachbarliche Beziehungen zwischen den Bänken. Na sicher, Elisabeth sagt ihr vor, wenn Frau Ahrens Ingrid versehentlich mal mit in den Unterricht einbezieht. Sie schiebt ihr auch Zettelchen zu, wenn wir eine Arbeit schreiben. Das geht bei Elisabeth ganz locker, hilfsbereit, wie sie ist. Und mir hat Ingrid ihre Entwürfe gezeigt! Das bedeutet immerhin, dass sie mit zwei Menschen im Raum Kontakt hat.

Aber sie hat keine Freundin. Doris, die neben ihr sitzt, hat sowieso nicht viel drauf, außer, dass sie wie ein Pferd wiehern kann. Dieses Pferdegeschrei lässt sie immer dann los, wenn irgendwelche Spannungen zwischen Lehrer und Schülern auftreten. Ich muss zugeben, es ist sehr wirksam. Alles erstarrt erst einmal für einen Moment, und das hat zur Folge, dass sich die Spannung garantiert abbaut. Ansonsten ist sie meistens damit beschäftigt, ihren Pulli straff zu ziehen, damit ihr Busen richtig zur Geltung kommt.

Nur Regine Kraus ist öfter mal auf dem Schulhof in Ingrids Nähe. Die zwei albern aber meistens herum. Keine Spur vom Ernst des Lebens. Aber mit Regine kann man gar nicht anders als lachen. Sie ist ein Ausbund an Temperament und dabei von so einer wilden Hübschheit mit ihren schwarzen Haaren und ihrem breitgeschwungenem Mund. Das genaue Gegenteil zu Ingrids sanfter Ausstrahlung.

Jeden Morgen, wenn ich die verhasste Rampe von außen abstauben muss, sehe ich Regine das Gleiche tun. Sie ist der Verkaufslehrling bei Teppich Kling, einem Geschäft, das erlesene, aber auch weniger schöne Teppiche verkauft. Dieser Laden ist unser direkter Nachbar und man spricht wohlwollend über ihn, ja, verkehrt sogar als Kunde in demselben. Frau Jäger liebt Perser!

Dann aber, gleich daneben, kommt unsere schärfste Konkurrenz. Denn die haben alles, was wir auch verkaufen, außer Kleidern, und sie sind auch fast so vornehm. Eigentlich noch vornehmer. Der Chef ist zwar nur ein rotgesichtiger, kräftiger Mann, der sich allen Unbilden zum Trotz meistens recht jovial gibt. Seine Frau ist aber eine echte Adlige vom Rhein. Das wären unsere beiden Chefinnen ja auch zu gern. Nicht unbedingt vom Rhein, aber adlig. Nun, dafür ist unser Modehaus eleganter, denn wir haben einen ersten Stock, den man stilecht über eine kostbare Marmortreppe erreicht. Zum Wäsche-Tarrach (seit 1890, da kommt auch noch Tradition ins Spiel), geht niemand von uns rein, da werden höchstens die Schaufenster überprüft. Von wegen der Preise. Die Unterhosen dürfen nämlich auf gar keinen Fall billiger sein als bei uns, und die Fenster nicht gekonnter dekoriert als unsere. Sie sind es natürlich nicht. Unser Chefdekorateur ist schließlich der Künstler!

Jedes Mal, wenn ich über diese sinnlosidiotische Arbeit motze, weil die Rampe ja doch wieder staubig wird, schließlich liegen wir direkt an der Straße, lacht Regine. Fröhlich schwenkt und schüttelt sie ihren schwarzen Pferdeschwanz und gleichzeitig den Staub aus ihrem Staubtuch und meint:

„Ist doch egal, was wir machen, Hauptsache, die Zeit geht rum!"

Das finde ich sehr weise, von diesem Standpunkt habe ich die Sache ja noch gar nicht betrachtet.

Ingrid, das feine Blondchen, hat zwar in der Schule nicht so viel Kontakt, aber einsam ist sie deswegen nicht. Als sie uns erzählt, dass sie die Älteste von fünf Geschwistern ist, schlucke ich kurz, denke aber, dass so etwas nun mal vorkommt. Auch Elisabeth hat noch zwei Schwestern und einen Bruder. Doch die sind alle gescheit!

„Ja, aber wir haben alle einen anderen Vater und unsere Mutter ist ein Fräulein!"

Jetzt ist es heraus und Ingrid schaut uns mit riesengroßen Augen an. Wir haben das wohl noch nicht so ganz begriffen, was sie damit meint und denken an einen Witz. Verlegenes Hüsteln, ich versuche ein aufmunterndes Lachen, es wird aber nur ein blödes Grinsen draus.

„Das ist kein Witz!"

Jetzt wird sie todernst. Und erzählt.

Ingrid wohnt am Stadtrand, in einem gemütlichen kleinen Haus mit Garten, in dem man sich das Suppengrün und den Salat noch selber zieht. Gottseidank gibt es auch noch die Oma, die, rüstig und befehlsgewohnt, Anwesen und Familie fest im Griff hat. Denn der Großmutter gehört das Haus, das sie seit dem Tod ihres Mannes mit ihrer einzigen Tochter bewohnt.

Das dachte die Oma jedenfalls, bis so peu a peu fünf Kinder dazu kamen. Die kleine, feine Ingrid kam ja noch zu der Zeit auf die Welt, als es schick war, dem Führer ein Kind zu schenken. Es war schön, ein Baby im Haus zu haben und die Leute fanden es traurig, dass der Vater den Heldentod gestorben sein sollte.

Wohlgemerkt: sein sollte! Nun, die liebe Anna hatte ja den Trost in der Wiege liegen.

Einige Jahre später lernte Anna einen echten Texaner kennen, der, so hoffte sie, ihr helfen würde, die kleine Tochter groß zu ziehen. Sie wollten nach Amerika, in eine heile Welt. Onkel Johnny erledigte die Formalitäten und kam nie wieder. Aber Anna blieb nicht alleine, Johnny ließ sie mit der Aussicht auf ein Wiegenlied zurück. Der Junge wurde in Erinnerung an seinen Vater auf den Namen Johannes getauft. Die Oma meinte, sie würden den kleinen Butz schon groß bekommen. Anna war schließlich nicht die Einzige, die von einem Ami sitzen gelassen worden war.

Und dann, was soll's, ihre Tochter sah blendend aus und konnte mit ihrer durch den starken Zigarettenkonsum rauchig gewordenen Stimme alle Männer betören, ob Deutsche, Amis oder sonst welche. Die bekam schon noch einen Mann. Das Kind konnte so hübsch die gängigen Schlager interpretieren und so flott tanzen. Sonst konnte sie nichts. Aber die Oma ermunterte die Anna, sich hübsch zu machen und auszugehen, während sie selbst die Windeln wusch und zusah, dass zumindest die Alimente für Klein-Ingrid bezahlt wurden.

Nun, Anna amüsierte sich. Als Mutter von zwei Kindern kannte sie das Leben und die Männer, und jetzt kam es sowieso nicht mehr so darauf an. Zwei Jahre nach dem kleinen Amerikaner wurde „Stefan, der Brüller" geboren. So genannt, weil er das erste Jahr seines Lebens jede Nacht nervenzerreißend schrie. Anna hielt das nicht aus und verfiel wieder in ihre alte Gewohnheit, abends lieber auszugehen. Nur so entging sie dem Gebrüll.

Als Folge stellten sich die wirklich putzigen Zwillinge Peter und Paul ein.

Die Nachbarn schauten nun eher weg, wenn die junge Mutter mit den Kleinen spazieren ging. Fünf Kinder konnte man ja beim besten Willen nicht mehr als Trostpflaster betrachten. Das

Jugendamt wurde eingeschaltet, aber dank der Oma, die sich um Haushalt, Buben und Ingrids Belange kümmerte, konnte das Jugendamt keine amtlichen Maßnahmen ergreifen. Die Familie blieb zusammen! Außerdem kannte Anna die diversen Väter und die zahlten! Das geschah zwar heimlich, aber sie zahlten gut. Auch das hatte die Oma im Griff.

Jetzt ist Ingrids Mutter öfter zuhause. Da passen Ingrid und ihre Oma schon auf. Sie haben weiß Gott genug Arbeit, auch Ingrid muss kräftig mithelfen. Denn wenn die Anna mal alleine ausgeht, wer weiß, ob sie dann auch alleine zurück kommt?

Ingrid hält sich sehr zurück, was Männer betrifft. Denn die wollen alle nur das Eine! Und wohin das führt, das erlebt sie ja tagtäglich zuhause. Aber, wenn man dann mal so einen richtigen Mann kennenlernt, der einen behandelt wie eine Dame, bei dem man Bauchkribbeln kriegt, wenn man ihn nur anguckt, dann macht der einen Rückzieher. Bestimmt, weil er über das Leben der Mama informiert worden ist.

„Ich würde sagen, auch Dein Herr Schäfer will nur das Eine, er fängt es nur cleverer an, Dich weich zu kochen. Aber, ich denke mal, er hat Muffensausen gekriegt, schließlich bist Du noch minderjährig!" Elisabeth hat sehr mütterlich gesprochen, ich glaube, sie hat das Gefühl, Ingrid braucht einen gewissen mütterlichen Trost, weil ihr den ihre Mutter nicht geben kann. Jedenfalls macht das Mädchen wieder einen besseren Eindruck. Sie merkt, dass man sich um sie kümmert und das braucht sie.

Mir gefällt das auch und ich verstehe jetzt recht gut, warum Briefkastentanten so ein selbstzufriedenes Hochgefühl ausstrahlen. Sie hören zu oder tun jedenfalls so und mischen dann selbstgerecht ein Rezept zur Heilung des Opfers zusammen. Sollte ich als zweite Karriere ein Leben als „Fragen Sie Frau Ulrike" anstreben? Das wäre zu überlegen. Immerhin habe ich Ingrid zugehört und ihr geraten, die Männer zu vergessen und stattdessen zu lernen. Ich glaube an diese Medizin, schon aus dem Grund, weil sie mir selbst sehr bitter schmecken würde. Und noch dazu ist der Ratschlag ernst gemeint, denn, wenn Ingrid sich nicht am

Riemen reißt, dann schafft sie ihre Prüfungen nicht nur nicht mit Einsen, nein, dann schafft sie sie überhaupt nicht.

„Lernen kann sogar Spaß machen, besonders, wenn man sieht, dass es was bringt!" Das ist Elisabeths Ansicht und ich nicke ernsthaft, während sich Ingrids Züge mitleiderregend verziehen.

„Aber ich ..."

„Nichts aber, wir finden einen Weg, wir sind doch jetzt Freunde, oder?"

Frau Gutmann steht hinter der Kasse und wartet auf das frisch gewässerte Schwämmchen, das ich ihr auf Anordnung der Chefin jeden Morgen aufs Neue, nicht zu nass und nicht zu trocken, sozusagen in genormter Feuchtigkeit, bringen muss.

„Sag mal, Ulrike, ich habe gehört, Du hast einen Freund", säuselt Frau Gutmann scheinheilig. Der Morgen ist noch unschuldig, das heißt, von den Chefinnen ist noch nichts zu befürchten. Da kann man ruhig mal seine natürliche Neugier befriedigen. Erst kapiere ich nicht, worauf sie hinaus will. Sie ist nämlich kein Mensch, der andere grundlos ärgert. Dazu fehlt Frau Gutmann eindeutig die Fantasie, aber auch eine gewisse Bösartigkeit. Dann dämmert es mir. Sicher hat ihr „Unser Gerhard" was geflüstert. Das bringe ich ganz schnell in Ordnung, indem ich Hans zu meinem kunstsinnigen Cousin umfunktioniere. Das spart lange Erklärungen und ist ja auch fast wahr.

„Ich war auch überrascht, meine Schulfreundin zusammen mit Herrn Schäfer zu sehen", sage ich so ganz nebenbei. „Sie ist doch noch so jung!"

Frau Gutmanns Falkengesicht wird von einer kleidsamen Röte überzogen, und damit ist das Thema beendet.

Ein spätes Mädchen

Kattenbach ist zurzeit in zwei Lager gespalten. Ich glaube, es werden sogar Wetten über das Thema abgeschlossen: Ist Hildegard Holler treu, oder ist sie es nicht? Sie hat nämlich seit mindestens zwei Jahren einen festen Freund. „Biene" nennen sie den alle, weiß Gott, warum. Vielleicht weil er so rum sirrt und damit seine Umgebung nervös macht? Aber eigentlich heißt er Heinz und hat jetzt seinen Einberufungsbefehl erhalten. Er muss zur Bundeswehr. Das bedeutet, entweder ein Jahr mit knappem Sold seine Zeit abzudienen, oder sich freiwillig für achtzehn Monate zu verpflichten. Letzteres hat den Vorteil, ein richtiger Vaterlandsverteidiger zu sein, der auch ein Gehalt bezieht. Dieses Gehalt lässt sich sogar noch aufstocken, wenn man vorher schnell heiratet. Und genau das machen viele. Rennen aus lauter Verzweiflung in ihr frühes Unglück, nur des schnöden Mammons wegen.

Auch die Biene will heiraten, Wahrscheinlich glaubt er, damit seine, auch noch von anderen umschwärmte Hildegard fester in den Griff zu kriegen. So eine richtige Hochzeit soll es werden. Abgesegnet von Staat und Kirche. Danach sitzt die Soldatenfrau treu und züchtig zuhause und wartet auf ihren Gemahl Aber, das entspricht so gar nicht Hildegards Charakter. Deshalb glauben die Leute auch nicht daran, dass sich durch die Hochzeit in Hildegards Leben was ändert.

Hildegard ist schon sechzehn, und mit Einwilligung der Eltern darf man da ja heiraten. Also haben sie die Ringe getauscht. Vor dem Gesetz sind sie jetzt Mann und Frau! Daran gibt es nichts zu rütteln. Nun sollte Heinz eigentlich zur Ruhe kommen. Aber diesen Eindruck macht er ganz und gar nicht. Im Gegenteil, er macht seinem Spitznamen nach wie vor Ehre.

Jetzt kann man nur abwarten, welche Gruppe Recht behält!

Auch die Doris von der Badeanstalt ist schon verheiratet. Kam da doch aus dem Sachsenlande ein junger Mann daher, der sich auf den ersten Blick in sie verliebte. Verheiratet waren sie dann ganz schnell. Ich kann mich gut daran erinnern, wie Doris noch brav in unserem Klassenraum saß und voller Kunstverstand die ganze, gelangweilt da hockende Figur von Wolfgang Brandt meisterhaft auf ihren Zeichenblock bannte. Und singen konnte sie! Das ist ihr aber bestimmt vergangen, denn mittlerweile hat sie schon zwei Kinder, beides Buben. Herr Keller hat sie seinerzeit, bevor sie ihr Jawort gab, ganz väterlich zur Brust genommen. Er hat ihr klar gemacht, dass sie den Sachsen nicht unbedingt heiraten müsse, auch wenn etwas unterwegs sein sollte. Doris, zutiefst gerührt von Papas liebevollen Worten, wollte ihren Fritz aber um jeden Preis. Das weiß ich von ihr selbst, da können die Leute reden, was sie wollen. Im Gegenteil, Doris Vater war ihr nicht einmal böse, weil sie ihn so früh zum Opa gemacht hat. So etwas gibt es auch!

Langsam bekomme ich das Gefühl, ein spätes Mädchen zu werden. Denn ich habe noch nie einen Heiratsantrag bekommen, ja, ich habe noch nicht einmal einen Freund. Aber es gibt immer noch den Siggi aus dem anderen Deutschland. Und diese treue Seele schreibt mir auch weiterhin. Manchmal reicht mir seine Seele aber nicht und ich hätte den Siggi gerne im Ganzen hier. Er studiert jetzt Maschinenbau. Also berichtet er mir sehr genau, welche Vorlesungen er besucht, in welche Konzerte er geht, aber auch, was er selbst für Musik macht, und wo und wann er versackt ist. Er schreibt nie etwas Politisches und nie etwas Liebes, so zum Herzerwärmen. Kurzum, er schreibt mir wie einem Kind! Man spürt eben doch, dass eine kalte Grenze zwischen uns liegt.

Ich bin das klassische Beispiel eines umgänglichen Menschen, das heißt, die Leute gehen um mich herum, auch die Jungen.

Nichtsdestoweniger trotz geschehen noch Zeichen und Wunder, denn ich bin langsam, aber sicher, in die Kleidergröße sechsunddreißig hineingewachsen. Mit allen Rundungen, die dazugehören. Das habe ich gemerkt, als ich kürzlich bei der schönen Helene zuhause war. Sie hatte sich gerade ein Kleid im

Prinzess Stil genäht und benutzte mich als Kleiderpuppe. Wieder einmal habe ich mich gefragt, ob es irgendetwas gibt, was Helene nicht kann. Aber da ich mich echt freute, so perfekt in das halb fertige Kleid rein zu passen, ließ ich die in mir lauernde Eifersucht erst gar nicht aufkommen.

Ich bin ja auch der Überzeugung, dass jeder Mensch auf der Welt zu etwas taugt, sogar ich. Und wenn er nur als abschreckendes Beispiel dient!

Eine alleinstehende Frau und Mutter

Sie ist lieb, naiv und kann mir auf den Kopf spucken. Außerdem ist sie ein Jahr älter als ich und der neue Lehrling! Das heißt, so wird gemunkelt, dass ich jetzt der Oberlehrling bin. Warum kommt Rosalie dann aber schon bei Antritt ihrer Lehre in den ersten Stock?

Der erste Stock, der für mich bisher als die oberste Rangstufe galt, welche ich bei allerbester Führung jemals erklimmen könnte! Der Gipfel sozusagen!

Jetzt heißt es, der neue Lehrling solle lieber dort anfangen, damit wir uns nicht ins Gehege kämen. Außerdem hätten dann die Verkäuferinnen oben auch jemanden, der ihre Theken abwischt. Es soll ja alles sehr gerecht zugehen. Die „B" mit ihrem ausgeprägten Sinn für systematische Schikane koordiniert das. Das heißt zum Beispiel, dass ich die Rampe draußen weiter polieren muss, da diese zum Parterre gehört. Na, das macht nichts, denn da draußen treffe ich um die Zeit der Säuberung meistens Regine. Die muss auch Staub wischen, ist aber trotzdem immer gut gelaunt. Dann schwätzen wir kurz miteinander und die Welt ist wieder in Ordnung.

Es geschah an einem sonnigen Frühlingstag, als Rosalie, freundlich grinsend samt ihrer korrekt gescheitelten Mutter und ihrer kleinen vorwitzigen Schwester, in mein Leben trat.

Das war eine Überraschung! Angeblich sollte ich das letzte Experiment in Bezug auf Lehrling sein. Das hatte jedenfalls Herr Jäger behauptet. Er hatte mich ja auch nur eingestellt, weil ich seinerzeit so couragiert in sein Büro gestapft bin und mich ganz alleine vorgestellt habe.

Aber, Herr Jäger denkt, und Milli oder Malli lenkt.

Bis jetzt habe ich noch keinerlei Entlastung gespürt. Das tägliche Brot bleibt weiterhin an mir hängen. Als, aus Gründen der Gerechtigkeit, Rosalie die diversen Frühstücke holen sollte, erklärte diese ernsthaft, das sei nicht die Aufgabe eines Lehrlings.

Wie das Wort so schön sage, sei sie hier, um etwas zu lernen. Dies, nämlich das Frühstück des Personals einzukaufen, sei eine nicht zulässige Nebenarbeit. Sie erlerne schließlich nicht den Beruf einer Kaltmamsell! Die Damen möchten sich, bitte sehr, ihr Frühstück vor Geschäftsbeginn kaufen, oder, wie das jeder vernünftige Mensch mache, ihr Brot zuhause schmieren und mitnehmen. Das sei auch billiger. Rosalie weigerte sich vehement und mit Erfolg. Und das Ärgerlichste daran war, das die Damen das nicht einmal weitermelden konnten, denn die Geschäftsleitung erlaubte private Gänge sowieso nicht. Dafür gab es nämlich keine Versicherung.

Nur spezielle Gänge in die Apotheke, um Insulinspritzen für den Chef zu holen, oder Schönheitsmittel für seine Frauen, durfte man dem Lehrling zumuten. So etwas war schließlich lebensnotwendig!

Und so passierte Rosalie rein gar nichts, außer dass ihr giftige Blicke zugeworfen wurden. Die Sache wurde bis zum Mittag ausdiskutiert, nur unterbrochen von Kunden, die bedient werden wollten. Danach brauchte niemand mehr was zu frühstücken.

Am nächsten Morgen griff man in stillschweigender Übereinkunft auf mich zurück. Auch der erste Stock. Ich schreibe meinen Zettel, kassiere das Geld und mache meinen Morgenspaziergang. Davon habe ich ja auch etwas. Frau Gutmann zum Beispiel könnte ihre Seele für Sahnetrüffel verkaufen. Da kosten hundert Gramm immerhin eine Mark und sechzig, ob es die mit Vollmilchschokolade oder die bitteren sind. Die Fischerin wiederum liebt eine gewisse Schokolade, die es nur in einem bestimmten Geschäft gibt. Von diesen Damen erhalte ich regelmäßig eine gewisse Provision in Naturalien und die lasse ich mir schmecken!

Rosalie hat aber was ganz Liebes an sich. Jedenfalls ist sie nett zu mir. Zwanzigmal am Tag rennt sie die Treppe hinunter, um ein Kleidungsstück an die Kasse zu bringen. Wir schwätzen auch öfter mal miteinander. Denn wir sitzen ja im selben Boot. Frau Gutmann hat uns kürzlich bei so einem gemütlichen Schwatz gestört, da sie Rosalie in die Anfangsgründe der Kundenbesuche einweihen wollte. Mit höflicher Aufmerksamkeit auf den grauen Dutt unserer Kassiererin herab blickend, stand Rosalie da und hörte sich Frau Gutmanns Erklärungen an:

„Also, Du weißt, wo das Schloss ist?"

Nicken.

„Daran fährst Du rechts vorbei und biegst in die erste Straße links ab. Das ist mehr so ein Weg, ein Sträßchen. Das kannst Du nicht verfehlen. Und das Haus, das liegt ein bisschen zurück. Wenn Du es nicht finden solltest, fragst du jemanden. Hast Du alles verstanden?"

Rosalie nickt wieder.

„Hier ist der Fahrradschlüssel, das Rad steht in der Garage!"

Damit überreicht sie Rosalie das Paket, das zum Kunden soll. Die lächelt lieb, gibt Frau Gutmann das Paket zurück und sagt:

„Ich mach' das nicht!"

„Wie, Du machst das nicht, was soll das heißen?"

„Das steht nicht in meinem Vertrag! Ich bin hier Lehrling und das heißt, ich soll hier was lernen und keine Botengänge machen. Was Sie hier von mir verlangen, das nennt man Ausbeutung von billigen Arbeitskräften. Ich weiß gar nicht, wie das die Gewerkschaft so sieht!"

„Die Ulrike macht das fast jeden Tag, das gehört zum Kundendienst und hat nichts mit Ausbeutung zu tun!" Jetzt schreit Frau Gutmann fast. Ich habe gar nicht gewusst, dass die so was auch kann.

Rosalie zuckt gekonnt die Achseln. Als sie sich abwenden will, sage ich schnell: „Ich mach' das schon, Frau Gutmann, die Rosalie weiß doch noch nicht so Bescheid!"

Jetzt kriegt sie aber Wut und brüllt, ja sie brüllt richtig: „Halte Du Deinen Mund, Ulrike, die Rosalie fährt, das wäre ja noch schöner!" Einige Kunden heben pikiert die Köpfe, das sind sie bei uns nicht gewohnt. Eine Dame wie Frau Gutmann, die ihre Haltung verliert!

Mit einem kräftigen Stoß klemmt sie Rosalie den Kleiderkarton in die Rippen, und durch ihre aufgeblähten Nüstern prustend, schreit die Gutmännin:

„Du fährst!"

Solcherart überfahren meint Rosalie nur:

„Okay, ich fahre, aber das hat ein Nachspiel!"

Es hatte ein Nachspiel. Am nächsten Morgen, pünktlich zu Herrn Jägers Zeitungszeit, die ihm heilig ist, stand Rosalies Mutter im Laden. Die kleine Schwester brachte sie diesmal nicht zur Verstärkung mit, die musste zur Schule. Seufzend, aber dennoch höflich, ließ der Chef seine Zeitung sinken und ging Frau Mende entgegen. Sie heißt tatsächlich Mende, wie der schöne Erich von der FDP. Darauf bildet sich Rosalie was ein. Aber, das hat sie mir erzählt, ihre Mutter wählt die FDP trotzdem nicht, weil sie ihre Prinzipien hat.

Herr Jäger faltete die Zeitung zur Originalgröße zusammen und bat Frau Mende zur Wolltheke, da war man ungestört. Da kam nur ab und zu ein Kunde hin und das eher versehentlich. Ich machte mir nebenan bei den Strümpfen zu schaffen, denn ich musste unbedingt mitbekommen, was hier gespielt wurde. Aus den tadellos aufgeräumten Strumpfregalen zog ich eine größere Ladung nahtloser Nylons und begann, sie neu zu schichten. So hatte ich mein Ohr am Geschehen. Die Strumpfregale sahen zwar hinterher nicht mehr so ordentlich aus, aber die Abhöraktion war es wert.

„Frau Mende, was kann ich für Sie tun?" Das sollte forsch klingen. Rosalies Mutter, eine reifere, naja, eine wesentlich reifere Ausgabe ihrer Tochter, setzte ein vielsagendes Lächeln auf:

„Bitte", säuselte sie, „verstehen Sie mich nicht falsch. Aber als alleinstehende Frau und Mutter, nun ja, bin ich gezwungen, meine Kinder allein zu erziehen und, nun, wie soll ich sagen, vor den Widrigkeiten des Lebens in Schutz zu nehmen. Sie sollen nicht noch zusätzlichen Ungerechtigkeiten ausgesetzt sein, nur weil ihr Vater gefallen ist."

An dieser Stelle brachte Rosalies Mutter es fertig, unseren armen Chef, der überhaupt nicht kapierte, was die Frau eigentlich von ihm wollte, mit ihrer ganzen Hilflosigkeit einzuwickeln.

„Ungerechtigkeiten?" Bei diesem Wort straffte sich Herrn Jägers Rückgrat, ja er schoss gleichsam in die Höhe.

Die Dame nickte schmerzlich.

„Das arme Kind wurde gestern gezwungen, bei diesem Verkehr durch die ganze Stadt zu fahren. Auf einem Fahrrad, noch dazu einem alten. Möglicherweise einem Vorkriegsmodell. Man fasst es nicht!"

Frau Mende zog eine Art Broschüre aus ihrer Handtasche: „Sehen Sie selbst, hier steht es schwarz auf weiß!"

Der Chef nahm ihr das Dokument ab, rückte seine Brille zurecht, und wurde selber weiß. Das Papier entpuppte sich als nichts anderes, als der mit Rosalie und ihrer gesetzlichen Vertreterin abgeschlossene Lehrvertrag. Ich kannte ihn, denn bei mir zuhause schlummerte der gleiche in der Schublade.

„Nehmen Sie das nicht so genau, unser Geschäft ist nun mal bekannt wegen seiner überdurchschnittlichen Serviceleistung und dazu gehört nun mal die Lieferung ins Haus!"

Rosalies Mutter meinte daraufhin nur: „Wenn Sie bitte einmal einen Blick in den Lehrvertrag werfen würden? So, hier steht es, unter § 3 Absatz 6: Der Lehrling hat Nebenleistungen zu verrichten, die mit dem Wesen der Ausbildung vereinbar sind! Meine Tochter ist nicht als Bote bei Ihnen eingestellt worden! Wenn ihr etwas passiert wäre, gar nicht auszudenken! Und, sind

Sie für solche Fälle überhaupt ausreichend versichert?" Jetzt lag ein richtig hinterhältiges Lauern in ihrem Blick.

Der Chef schickte bestimmt ein Stoßgebet zum Himmel, dass der ihn von dieser Frau erlösen möge. Irgendwie tat er mir leid. Weiß Gott, er wurde keineswegs vom Glück verwöhnt, was die Damen in seinem Umfeld betraf.

Frau Mende machte eine halbe Drehung Richtung Kasse. Dort stand Frau Gutmann, scheinbar emsig beschäftigt mit dem glatt streichen von wiederverwendbarem Seidenpapier und spitzte ebenfalls die Ohren.

„Außerdem hat sich Rosalie beschwert über den rüden Ton, der bei Ihnen herrscht. Ja, sie weinte fast und meinte, diese Frau Gutmann könne sie wohl nicht leiden. Das Kind ist ja so sensibel! Das müssen Sie doch verstehen, Herr Jäger, so geht das nicht. Sie als Lehrherr sind doch schließlich auch für Rosalies weitere Entwicklung verantwortlich. In Ihre Obhut habe ich mein Kind gegeben. Weiß Gott, man hat es wirklich nicht leicht als alleinstehende Frau und ..."

"Mutter", ergänzte der Chef automatisch und blickte Rosalies Mutter treuherzig an.

„Ach, noch etwas, natürlich habe ich auch Verständnis für Ihre Lage als Chef des Ganzen, von wegen Problemen mit dem Personal und dergleichen. Deshalb bin ich gerne bereit, Ihnen entgegen zu kommen." Sie lächelte: „Man ist ja kein Unmensch. Sollte es gar nicht anders gehen, und Rosalie muss einspringen, also, einen Kunden besuchen, dann geben Sie mir doch einfach nur eine Durchschrift der Versicherungspolice. Dann wäre ich beruhigt. „Sie verstehen, als alleinstehende ..."

„... Frau und Mutter", knurrte der Chef in seinen nicht vorhandenen Bart und dann murmelte er noch etwas, was ich nicht verstand und brachte die Dame zur Tür.

„Puh, das hätten wir!" Erleichtert steht er an der Kasse, streicht über sein schütteres Haar und meint zu Frau Gutmann, die immer noch erregt das Seidenpapier glättet:

„Sehen Sie zu, dass Rosalie keine auswärtigen Fahrten mehr macht, Kundenbesuche und so. Die Mutter ist ja nicht zum Aushalten. Soll die Ulrike ruhig weiter die Fahrten machen. Außerdem sind die Leute an sie gewöhnt. Ja, ja, unsere Ulrike, die ist richtig pflegeleicht!"

Das ist so leicht dahin gesagt. Ich habe ja auch keine Mutter, die wie eine Löwin für ihre Kinder kämpft und sie vor den Widrigkeiten des Lebens beschützt. Wenn ich zu meiner Mutter komme und mich mal gründlich über die Chefinnen beschwere, oder nur meinem Herzen Luft machen will, dann sagt sie nur:

„Lehrjahre sind keine Herrenjahre!"

Möbel aus Papier

Manchmal glaube ich fast, die Zeit holt mich ein. Schnappt mich am Schlafittchen und konfrontiert mich mit weit zurückliegenden Ereignissen.

So erinnerte ich mich daran, als Auenheim seine Stadtwerdung nach zweitausend Jahren verträumten Daseins mit Remmidemmi, viel Bier, vielen Reden und einem großartigen Feuerwerk feierte.

Natürlich durfte da ein Festzug nicht fehlen. Alle Völker, die je in Auenheim heimisch gewesen waren, oder es besetzt hielten, zum Beispiel Germanen, Römer oder Amerikaner, marschierten mit festem Tritt vorbei. Dicht gefolgt von ihren Frauen und Kindern. Aber auch alle Ereignisse, die hier einst stattfanden, als da wären Pest, Bombenkrieg, oder die Wiedereröffnung der Klosterschule, wurden in lebenden Bildern gezeigt. Auf Wagen, von Traktoren, manchmal auch von Pferden gezogen, hielt der Sensenmann reiche Ernte. Oder künstliche Flammen loderten auf, als Auenheim von fremden Söldnern in Brand gesteckt wurde. Auf einem anderen Wagen zeigte man wiederum etliche Frostleichen, die einem besonders harten Winter zum Opfer gefallen waren. Es war wirklich schön, dabei zu sein, als unser Nachbarort die Stadtrechte bekam.

Und dann saß da plötzlich die Römerin vom Zug im Zug!

Ich erkannte das Mädchen spontan wieder. Zwar waren vier Jahre vergangen und sie und ich waren entsprechend älter geworden. Aber sie hatte noch immer eine jugendliche Ausstrahlung, ebenso die gewisse Haltung und die noble Blässe der edlen Römerin. Daran konnten eine Ponyfrisur, ein blauer Faltenrock und eine gestreifte Bluse mit passendem Nickituch, auch nichts ändern. Genießerisch schloss ich die Augen und sah noch einmal im Geiste, wie sie, mit zwei zusammen geknüpften Betttüchern auf den Schultern, jungfräulich gelösten Haaren und hoheitsvollem Blick dahin schritt, nein schwebte. Eskortiert wurde die vornehme Patrizierin von einigen marschierenden

Soldaten, die diszipliniert und mit viel Geklapper die Macht Roms verkörperten.

Angelika gab sofort zu, einst eine Römerin im Auenheimer Festzug gewesen zu sein. Sie und noch zwei flotte Käfer, man könnte auch junge Mädchen dazu sagen, teilten sich mit mir ein Zugabteil. Wir waren aufgekratzt und bemühten uns redlich, lustig zu sein. Denn wir waren auserwählt. Man schickte uns nach Oberbayern!

Das Ganze begann damit, dass ich zu einer außerplanmäßigen Untersuchung musste. Die Krankenkasse hatte vor, den Arbeitgebern die Gesundheit ihrer Lehrlinge zu erhalten und schickte diese im zweiten Lehrjahr für vier Wochen zu einer Kur. In diesem Fall nannte man das Jugendkur, weil es sich ausschließlich um Jugendliche handelte und nur um Mädchen. Gemischt wurde nicht.

Bei mir hatte der untersuchende Arzt so seine Zweifel. Zwar war ich nicht besonders groß geraten, aber ich gelte noch als normal. Dick bin ich auch nicht, eher zu dünn. Aber auch das ist irgendwie zweifelhaft. Also wischte der Arzt forsch die Zweifel weg und fragte spontan:

„Willst Du mal fort?"

Was für eine Frage!

Also gab es erst mal keinen Urlaub im Sommer. Obwohl man ja in den Ferien seinen Urlaub nehmen soll, damit man in der Berufsschule nichts versäumt. Den gemütlichen Donnerstag, den ich sonst in der Schule verbrachte, musste ich in den Schulferien der Firma opfern. Also hatte ich die Woche über keine Stunde frei. Der Urlaub wurde schlicht für meine Jugendkur reserviert. Das ist ungerecht, weil die anderen meistens Kur und Urlaub haben.

Neulich, beim Frühstück im Keller unterhielten sich Frau Glaser von der Herrenabteilung und eine ihrer Kolleginnen vom ersten Stock über dieses Thema. Da habe ich mal meine Lauscher aufgestellt.

„Im Februar habe ich meine Grippe genommen", meinte die zierliche Frau Odenthal, „Da war sowieso nicht viel zu tun. Hattest Du nicht auch schon die Grippe?"

Frau Glaser schüttelte stumm den Kopf, denn sie war mit dem Kauen ihres Croissants beschäftigt. Die hole ich ihr immer beim Bäcker Müller, da sind sie besonders knusprig.

Unbekümmert fuhr Frau Odenthal fort: „Im Juni machen wir dann zwei Wochen Urlaub, wahrscheinlich in Italien, da ist es dann schon richtig warm. Warst du schon mal am Lido di Jesolo?"

Frau Glaser kaute noch immer, schüttelte also wieder den Kopf. Das hinderte die Kollegin aber nicht daran, genüsslich ihre zweite Zigarette zu rauchen. Sie aß nie etwas zum Frühstück, weil sie so bleiben wollte, wie sie war, zierlich eben. Schwarzer Kaffee war selbstverständlich erlaubt. Je schwärzer, umso besser. Ich habe mal gehört, dass schwarzer Kaffee schön machen soll. Wenn das stimmt, dann sollte Frau Odenthal nur noch schwarzen Kaffee trinken. Gedankenverloren blies sie mir den Rauch ins Gesicht und schwärmte: „Der Strand, also, ich kann nur sagen, traumhaft! Der ist ellenlang, so weit, wie Du sehen kannst, und weiß ist er, und weich und warm! Da liegst Du nur faul rum und bräunst ganz von selbst. Und ein Eis haben die da, sagenhaft, und die lauen Nächte! Der Lido ist direkt bei Venedig. Da fährst Du mit dem Boot ein Stück übers Meer rüber und hast sofort Romantik pur. Außerdem ist es spottbillig, Die Entfernung ist heutzutage auch kein Problem mehr. Der Franz fährt mit seinem VW in einem Rutsch durch!"

Seltsamerweise hatte Frau Glaser nichts mit Italien am Hut. Als sie die letzten Brösel ihres Croissants aufgegessen hatte und mit einem Schluck Tee nachspülte, meinte sie: „Wir fahren in die Berge zum Wandern. Mein Andreas liebt das. Er braucht die körperliche Bewegung als Ausgleich für das Sitzen im Büro!"

Frau Odenthal zuckte geringschätzig die Achseln:

„Wandern, lieber Himmel, und auch noch in den Bergen. So was ist uns zu anstrengend. Mein Franz sagt immer, ich kaufe mir doch keine Arbeit, und noch dazu im Urlaub! Da machen wir lieber unsere Spritztouren mit dem Auto, da kriegen wir auch eine Menge zu sehen!“

Was die immer mit dem VW angibt, den sie voriges Jahr gebraucht gekauft haben. Um die Raten für dieses asthmatische Vehikel bezahlen zu können, muss Frau Odenthal arbeiten gehen, da bin ich mir ganz sicher. Ich kann diese Frau nicht besonders leiden. Wahrscheinlich beruht das auf Gegenseitigkeit. Noch wahrscheinlicher ist allerdings, dass diese Frau meine Gegenwart überhaupt nicht zur Kenntnis nimmt. Das hat auch seine Vorteile. Man hört so einiges. Jetzt fixiert sie Frau Glaser wieder mit ihren Schweinsäuglein:

„Und dann?“

„Was, und dann?“

„Ja, was machst Du im Herbst, um dieser Knochenmühle zu entgehen?“

Frau Glaser zuckt die Achseln.

„Ich nehme meine Kur. Das sind dann, warte mal, ja, drei Wochen, mit Nachkur vier. Ich versuche aber auf jeden Fall, in den Schwarzwald zu kommen. Da hat es mir nämlich immer ganz gut gefallen!“

Frau Glaser verstand das Jahresprogramm von Frau Odenthal nicht ganz, deshalb fragte sie auch verwundert, warum diese denn unbedingt auch noch zur Kur gehen wollte.

„Wegen meiner Nerven, Inge. Ich verstehe einfach nicht, warum ich so nervös bin.“ Damit drückte sie ihre Zigarette sehr nachdrücklich im Aschenbecher aus und beendete ihre Frühstückspause.

Frau Mende hat dafür gesorgt, dass, wenn Rosalie frühstückt, nur eine Nichtraucherin gleichzeitig mit ihr in den Frühstücksraum gehen darf. Das hat den Nachteil, dass die gute Rosalie ihr Brot meistens alleine verzehren muss. Das ist langweiliger, aber um vieles gesünder. Es steht nämlich nicht in ihrem Lehrvertrag, dass ein Lehrmädchen langsam, aber systematisch vergiftet werden darf. Übrigens steht das auch nicht in meinem.

So sieht Gerechtigkeit aus! Im allerersten Sommer meines Arbeitslebens sind die Ferien gestrichen. Einfach so! Aber zu meiner klammheimlichen Freude wurde es ein total verregneter Sommer. Ja, es regnete sogar in Graubünden, wo Frau Gutmann samt Mann, dem schönen Gerhard und dessen Eltern, wie immer, Urlaub machte.

„Wir konnten kaum vor die Tür gehen“, seufzte Frau Gutmann und schüttelte sich, als müsste sie die schweizerischen Regentropfen noch nachträglich aus ihrer Kleidung entfernen.

„Aber“, strahlte sie gleich darauf, unser Gerhard, der hat die Frau fürs Leben kennengelernt!“

Dann klatscht sie die Hände zusammen und erzählt aufgeräumt weiter:

„Na, jetzt fragt Ihr Euch natürlich, ob er es dieses Mal wirklich ernst meint. Wir waren aus bekannten Gründen ja auch recht skeptisch. Man kennt ja seine Pappenheimer.“

Jetzt kommt das wohlbekannte, abgehackt künstliche Lachen, das für die Gute so charakteristisch ist.

“Als wir dann aber erfahren haben, dass diese Frau einen intellektuellen, existenzialistischen Hintergrund hat, aber trotzdem Geld, wird uns schlagartig klar, dass es dieses Mal ernst ist. Bitterernst!. Also, es passt doch alles zusammen!“

Ganz aufgekratzt ist sie, die liebe Tante, als sie fortfährt:

„Wirklich, ich war ganz baff, steht da vor unserem Hotel, natürlich dem besten am Platze, ein Mercedes mit Hanauer Nummer. Naja, da haben wir uns die dazugehörigen Leute mal näher angesehen. Die Welt ist doch ein Dorf, da muss man erst in die Schweiz fahren, nur um Nachbarn zu treffen! Und, dieser Doktor Müllmann, na, der ist auch nicht mehr der Jüngste, der sucht schon ewig einen Mitarbeiter, der später mal als Partner bei ihm einsteigen kann. Wie sich das trifft! Unser Gerhard ist gerade mit seinem Studium fertig und Doktor Müllmann meint, nichts spräche dagegen, wenn er gleich anfinge. Er war ja auch hellauf begeistert von Gerhards exzellenten Prüfungsergebnissen. Seine Frau, die habe ich natürlich sofort wieder erkannt. Das ist eine alte Kundin von uns. So eine Brünette, groß und grobknochig. Bei ihr müssen wir immer was raus lassen. Den Saum verlängern, Sie wissen schon!“

Während Frau Gutmann begeistert erzählt, wie sie gemeinsam mit ihrer Familie das Schicksal gegängelt hat, denke ich an Ingrid, dieses feine Mädchen, und bin froh, dass sie diesen Casanova los ist. Geld sucht Geld, sagt meine Mutter immer, und „Geld macht nicht glücklich, aber es beruhigt!“ Da gebe ich ihr Recht, aber wo bleibt da die Liebe? Ich möchte jedenfalls einmal um meiner selbst willen geliebt werden und nicht wegen meines Geldes, das ich sowieso nicht habe.

„Aber, die Barbara, das ist vielleicht ein nettes Mädchen. Also, ich sage Euch, die zwei sind wie füreinander geschaffen. Soviel ich weiß, studiert sie Sprachen. Ach, ich muss doch einmal ein paar Bilder mitbringen!“

Die Tür bewegt sich und Fräulein Brunkhorst betritt die Szene, also löst sich der Kreis um Frau Gutmann in Sekundenschnelle auf. Doch Frau Gutmann wendet sich sofort der „B“ zu, um munter weiter zu erzählen. Schließlich weiß sie, dass Fräulein Brunkhorst ihrem Neffen sehr zugetan ist. Die mag Leute, die was darstellen, auch wenn der Doktortitel noch ein paar Jahre auf Eis liegt. Außerdem reizen sie gut aussehende junge Männer.

Barbara heißt sie, die Zukünftige, ich für meinen Teil habe mit Barbaras noch keine guten Erfahrungen gemacht. Obwohl man sagen muss, dass der Name an sich gar nicht so übel ist, ja sogar gut klingt.

Wegen einer Barbara habe ich die Gemeinschaft des Kattenbacher Tischtennisvereins für immer verlassen. Die hat mich nämlich so von oben herab behandelt und geglaubt, dass sie selbst die ungekrönte Königin nicht nur des Vereins, sondern auch die von Kattenbach wäre.

Na, vielleicht liegt das ja in der Familie. Ihr Bruder, der um einiges älter ist als sie, also fast ihr Vater sein könnte, sieht sich ja auch als überragenden Künstler. Manche Leute, allerdings mehr die ortsansässigen klassischen Spießbürger, belächeln diesen Bruder.

Aber, Hut ab, wenn man einen hat, dieser Mann hat Ideen, und die sind in seinem eigenen Kopf entstanden. Er fabriziert Möbel aus Papier. Es gibt sogar Leute, die sie ihm abkaufen. Bestimmt sind diese Menschen selbst ein bisschen verrückt, weil sie für solche Hirngespinste Geld ausgeben. Was die rechtschaffenen Kattenbacher allerdings maßlos aufbringt, ist die Tatsache, dass sich die Kunden des Künstlers in diesem bunten Durcheinander auch noch wohl fühlen.

Frau Mühlbauer kann das am allerwenigsten verstehen. Jedem, der es hören will, oder auch nicht, macht sie begreiflich, dass man Möbel fürs Leben hat, ja, für Generationen. Bei ihr werden sie mit schöner Regelmäßigkeit frisch abgestaubt und stets mit zierlichen Häkeldeckchen geschützt. Ganz besonders stolz ist Frau Mühlbauer auf ihr Sofa, das mit echtem Rosshaar gestopft ist. Die ehemaligen Besitzer dieser Füllung haben allerdings schon lange vor dem Ersten Weltkrieg ihren Dienst quittiert. Im Gedenken daran quellen seine Rosshaare an allen möglichen Stellen aus dem Sofa.

Ja, es stimmt. Papiermöbel halten nicht mal mehr ein Leben lang. Das müssen sie ja auch nicht. Das sollen sie auch nicht! Die

Leute sollen öfter mal was Neues kaufen. Raus aus dem Mief! Das Leben ist bunt! Langweilige hölzerne Brauntöne sind unmodern und nichts für den modernen, aufgeschlossenen Menschen.

Der Erfinder des papierenen Kleiderschranks lebt selbst in einer kunterbunten Wohnung. Das hat auch etwas für sich. Denn, wenn der mal so richtig in Rage geraten sollte, kann er mit geringem Kraftaufwand die eigenen Möbel zerreißen. Und erst die Möbelpacker, wie die sich freuen, die können jetzt gleich drei Sessel auf einmal schleppen.

Diese Barbara ist also die Schwester eines Genies. Vielleicht hat sie deshalb keine Freundinnen. Früher, als ihr Bruder sein Genie noch nicht entdeckt hatte und Barbara nichts anderes war als die sittsame Tochter des Bezirksschornsteinfegers, da war sie noch ganz dick mit der Heidi befreundet. Solches geschah, als die Beide noch kleinen Mädchen waren. Nun, die Barbara wurde größer, und es reichte nicht mehr aus, nur einen Vater zu haben, mit dem man anderen kleinen Kindern gehörig Angst einjagen konnte. Der „schwarze Mann" verblasste mit der Zeit. So vereinsamte auch Barbara langsam. Später hat sie sich einfach mal so bei meiner Freundin Gisela eingeschmeichelt. Besser gesagt, sie hat sich an Giselas Schatten geklammert.

Sie gingen im Wald spazieren. Gila mit ihrem neuen Rad, Barbara mit ihrem neuen Neffen samt Kinderwagen. Da kommt so ein Halbstarker und hält meine Freundin fest, ja, er hält ihr Fahrrad in eiserner Umklammerung, lässt es nicht mehr los und bedroht sie regelrecht. Gisela, beherzt, wie sie ist, wehrt sich mit Zähnen und Klauen und ruft nach ihrer Begleitung. Doch, was macht diese? Schnappt den Kinderwagen, rüttelt den kleinen Dominik darin gehörig durch und ab geht's, in rasender Fahrt, nur raus aus der Gefahrenzone.

Hoffentlich hat der Kleine dadurch keinen Knacks fürs Leben abbekommen!

Nun, Gila besiegte letztendlich den Gangster. Sie schrie Zeter und Mordio, sodass der Kerl es vorzog, zu verschwinden. Das hätte aber auch anders ausgehen können. Vor allem war sie doch recht enttäuscht von der Barbara. Die Freundschaft überdauerte nicht einmal einen Spaziergang!

Diese Barbara hat sich eben voll und ganz ihrem Namen entsprechend, nämlich barbarisch, benommen!

Des Teufels Gelächter

Sechs Mädchen sind wir im Zimmer. Nach bewährter Eroberungspolitik habe ich ein Bett „oben", näher zur Decke, näher zum Himmel, ergattert. Dann habe ich gemerkt, dass diese Eroberung nicht nötig gewesen wäre. Hier handelt es sich nämlich um junge Damen, die schlafen sowieso lieber in den unteren Betten. Erstens ist das kultivierter, zweitens bequemer, drittens kommt man leichter rein und auch raus. Außerdem ist es kindisch, um die oberen Betten zu kämpfen. So weit, so gut. Ich habe mich damit getröstet, dass ich die Jüngste bin. Nicht nur im Zimmer, sondern in der ganzen Gesellschaft.

Es handelt sich um etwa dreißig junge Damen. Klassenstärke also. Die Betonung liegt hier auf Damen! Da werde ich gerade mal toleriert. Die können alle so gescheit reden, haben zuhause im kühlen Norden Deutschlands, woher die meisten stammen, Freunde, männliche Freunde meine ich, und lernen interessante Berufe. Da bin ich so eine Art Nesthäkchen. Aber damit kann ich leben. Die Mädels sind wirklich alle nett zu mir, und darüber wundere ich mich, ehrlich gesagt, am meisten.

Denn: Ich kenne mich!

Und, ich liebe sie (fast) alle!

Jeden Morgen gongt es wie zum Jüngsten Gericht. Das heißt: raus aus den Federn, schnell den Trainingsanzug überziehen und Antreten zum Frühsport. Dann macht man sich locker, schüttelt die müden Glieder und läuft sich warm. Das bedeutet: dreimal um das schöne, typisch oberbayrische, aber riesengroße Haus zu rennen. Anschließend wieder Glieder schütteln, waschen, umziehen, frühstücken.

Wenn der Gong ertönt, wird alles schlagartig und illusionslos wach. Auch ich. Aber, ich drehe mich dann noch einmal genüsslich um und, wenn alles gut geht, kann ich dann noch weitere kostbare zehn Minuten schlafen.

Ich muss nicht zum Frühsport!

Das verdanke ich meinem Blinddarm, beziehungsweise dem Körperteil, aus dem er heraus geschnitten wurde. Der ist noch ein bisschen frisch, deshalb hat mir der Arzt abgeraten, am Frühsport teilzunehmen.

Das ist ein bayerischer Arzt, aber ein wunderbarer Mensch!

Er macht hier die Untersuchungen vor Antritt der Kur, und wird sie beim Verlassen derselben auch wieder machen. Schließlich wollen sie wissen, ob die teure Kur ihren Zweck erfüllt hat und die jungen Damen erholt und wieder reif für den grauen Alltag sind.

Im Bett unter mir schläft die rosarote Marion. Rosarot deshalb, weil sie einen rosigen Teint und dazu unpassende rotblonde Haare hat. Aber das macht sie ja gerade interessant, noch dazu, weil ihre Locken lang herab hängen. Solche Schillerlocken hätte ich auch gern. Mit ihren zart gerundeten Gliedern sieht sie aus wie ein Barockengel, besonders im Baby Doll.

Marion kommt aus Husum, der grauen Stadt am grauen Meer. Wie ihr Landsmann Theodor Storm, mit dem man leicht abgewandelt sagen kann:

Der Jugend Zauber für und für

Ruht lächelnd noch auf ihr, auf ihr,

der rosigen Marion. Abends, wenn wir uns gegenseitig Geschichten erzählen, wird sie richtig wach. Dann leuchten ihre violetten Augen vor Liebe und Leidenschaft zu einem persischen Studenten. Ihsan heißt er und er spricht die blumige Sprache der Märchenerzähler so perfekt, als wäre er geradewegs aus „Tausendundeine Nacht" raus gesprungen. Marions Haare sind nicht rotblond, nein, sie gleichen Flammen, die ihn verzehren und vergehen lassen. Ihr Mund ist eine sich eben öffnende Rosenknospe, stets bereit, in feuriger Leidenschaft voll zu erblühen. Ihre Augen sind klaren Quellen vergleichbar, die nie versiegende Labsal des ewig Dürstenden.

„Und das glaubst Du alles?" Unsere vernünftige Hilde schüttelt den Kopf. Sie ist ausgesprochen praktisch veranlagt, hat braune, kurze Haare und wirkt irgendwie dämpfend.

Marion schüttelt gekonnt ihre feurigen Locken: „Ich würde das so gerne glauben!"

Allenthalben zustimmendes Nicken. Wir würden das ja alle recht gern glauben.

Aber er ist Moslem! Und, das weiß man ja, die islamischen Studenten, die seit einer Weile Deutschland unsicher machen, denken, sie brauchen nur mit ihren schwarzen Augen zu rollen, dann kriegen sie jedes Mädchen. O, ja, diese schmachtlockigen Jünglinge sind sehr von sich überzeugt. Neben ihrem Studium glauben sie auch, die deutschen Mädchen studieren zu müssen. Am liebsten natürlich solche, die noch ein bisschen was germanisches an sich haben, auf jeden Fall aber blonde und blasshäutige.

Wieder zuhause, im Land ihrer Väter, ist die Zeit der Rosen vorbei. Vergangen, vergessen, vorüber. Das Märchen ist ausgeträumt. Da gibt man sich traditionell, gehorcht den Eltern und heiratet eine von Mutter und Großmutter ausgewählte Jungfrau, die den Propheten verehrt und ihrem Mann gehorcht.

Die Frau Mama hat sich nämlich inzwischen schon gründlich umgesehen und die entsprechenden Kontakte geknüpft. Man besucht die öffentlichen Bäder, schaut sich die heiratsfähigen Töchter der Freundinnen an und, trifft eine Auswahl. Runde, gebärfreudige Hüften sind besonders gefragt.

Marion will davon nichts wissen, für sie schneit es noch Rosen. Sie möchte die Zeit, die ihr noch mit Ihsan bleibt, genießen. Wenn die beiden im lauen Abendwind spazieren gehen, dann überkommt es ihn mit schöner Regelmäßigkeit. Dann küsst er sie mit einer so unwirklichen Zartheit, dass sie um sich herum alles vergisst und sich weit, weit weg im Nachtblau des unendlichen Himmels verliert. Doch dann steigern sich seine Küsse so sehr, dass sie fast an Brutalität grenzen. Das bringt auch

Marion zur Raserei und sie seufzt qualvoll auf, allein bei dem Gedanken daran. Manchmal seufzt sie im Traum weiter. Ich höre das, denn die Sehnsucht ist wie die Wärme, sie steigt nach oben.

Alle Mädchen in unserem Zimmer sind verbandelt, mehr oder weniger fest. Alle, außer mir, ich bin noch nicht mal „weniger" liiert, nämlich überhaupt nicht. Trotzdem werden alle vorsorglich vor den bayerischen Burschen gewarnt, die es hier in rauen Mengen geben soll. Es heißt, dass das „Fensterln" hier noch wirklich und wahrhaftig praktiziert wird. Jedes Mal, wenn eine Ladung frischer Mädchen kommt, probiert es die männliche Jugend wieder! Aber den Mädchen ist bei Strafe die Verbrüderung verboten. Dabei würde es sich ja nicht einmal um eine solche handeln, sondern um ein Schmusibusi! Ein Rendezvous wird mit sofortigem Heimschicken geahndet, ob die betreffende Person erholt ist oder nicht. Das geschieht noch dazu auf eigene Kosten. Es gab schon solche Fälle. Die Küche weiß davon zu berichten. Die Köchin ist eine Einheimische, stammt sogar aus dem Ort, und hat selbst schon bei einigen Tragödien mitgewirkt!

Im Dorf gibt es eine wunderschöne Barockkirche, die wir außerhalb des Gottesdienstes schon besichtigt haben. Das gehört nämlich zum Kulturprogramm. Natürlich können die Katholischen unter uns hier auch ihren sonntäglichen Gottesdienst absolvieren. Davon gibt es aber herzlich wenige, da die Mädchen so ziemlich alle Nordlichter sind. Es gibt zwar auch eine evangelische Kirche, aber erst in der nächst größeren Stadt.

Dann geht man eben mal in die katholische Kirche! Es ist irgendwie seltsam, plötzlich haben fast alle Mädchen das Bedürfnis, zum Gottesdienst zu gehen.

Die Burschen warten schon!

Während die fremde Liturgie abläuft, kann man sich auch ganz gut unterhalten, indem man sich ein bisschen umsieht. In diesem wunderschönen Gotteshaus gibt es so viel zu bestaunen. In gläsernen Särgen gemahnen uralte, in kostbaren Samt gehüllte

Skelette an die eigene Sterblichkeit. Dazwischen hängen meisterhafte Gemälde, welche die Passion Christi in fortlaufenden Bildern zeigen. Wenn mich die Totenköpfe so von der Seite angrinsen, läuft es mir jedes Mal eiskalt den Rücken herunter. Ich werde auch das Gefühl nicht los, dass sich die uralten Gerippe in dem diffusen Licht, das durch die bunt bemalten Fenster hereinfällt, ganz sacht bewegen.

Es heißt, die Weißwurst darf das Mittagsläuten nicht erleben. Für die meisten von uns ist dieser Genuss etwas wirklich Exotisches. Das Bier weniger, das gibt es auch in anderen Regionen. Edith behauptet sogar, dass das Bier aus Einbeck, der Stadt, aus der sie kommt, schon seit über sechshundert Jahren im Welthandel ist, und vollmundiger schmeckt. Ein paar empörte Blicke streifen sie von der Männerseite. Aber die halten sich in Grenzen, denn diese Preußin (die sie nicht ist), ist wirklich recht appetitlich. Edith ist sonst zurückhaltend, auch bei der Weißwurst. Sie bleibt ihrem Klaus treu. Bei ihr wirkt der alpine Charme nicht, den die Burschen hier en gros versprühen. Für uns andere ist das eine ganz neue, prickelnde Erfahrung, nach dem Kirchgang ins Wirtshaus zu gehen. Das tun hier sonst nur die Eingeborenen. Das heißt die Männer. Hier vertreiben sie sich die Zeit, bis die Frau zuhause das Mittagessen fertig hat.

Mir schmeckt der süße Senf wirklich gut. Das sage ich auch, und die Jungen lachen. Deshalb, so werde ich belehrt, isst man ja auch die Weißwürste, wegen des wohlschmeckenden Senfs. Die Stimmung ist gut und es ist richtig gemütlich hier. Aber wir müssen uns innerhalb unserer Grenzen bewegen und langsam aufbrechen, damit auch wir noch rechtzeitig zum Mittagessen kommen. Die Köchin hat heute Nachmittag frei. Zum Abendbrot gibt es deshalb etwas Zünftiges, Bayerisches, also ein Essen, das die jugendliche Küchenhilfe auch ohne Aufsicht zubereiten kann.

Weißwürste, aber Gottseidank mit süßem Senf!

Unser Fräulein Floh, die eigentlich Flohmann heißt und von der Krankenkasse abgestellt worden ist um uns zu hüten, war mit in der Kirche und im Wirtshaus. Das hat uns allen ein Gefühl der

Sicherheit vermittelt. Kein Bursche hat sich näher ran getraut. Fräulein Floh ist nur ein paar Jahre älter als die Ältesten von uns, hat aber schon eine gescheiterte Verlobung hinter sich. Sie ist also eine reife Frau, aber trotzdem schwer in Ordnung. Bei unseren täglichen Pflichtwanderungen nimmt sie sich immer ein Mädchen nach dem anderen vor und spricht mit ihm. Man kann ihr sein Herz restlos ausschütten, so richtig von Freundin zu Freundin. Das tut gut, ja man vergisst dabei sogar das herbstliche Schmuddelwetter. Ich war auch schon dran. Vielleicht ist gerade dieses Gespräch genau die Seelenbehandlung, die zur Rundumerholung beiträgt.

Ich habe mich so gefreut, endlich mal die Alpen zu sehen. Bin also mit dem nötigen Ernst und den richtigen Schuhen hierhergekommen. Jetzt bin ich in den Bergen und was sehe ich? Graues Nieselwetter, das in ebenso grauen Nebel übergeht und die Berge darin verschluckt. Matschige Wanderwege und graubraune Almen lassen einen auch nicht gerade von blauen Schatten und schneeigen Firnen träumen. Darüber trösten auch nicht ein paar vergessene Kühe hinweg. Ich möchte wirklich einmal die echten, unverrückbaren Berge sehen, solange wir noch hier sind.

Und siehe da, just an dem Tag, als unser Ausflug an den legendären Tegernsee geplant war, ging die Sonne sichtbar und blutrot auf. Ja, sie blieb auch weiterhin den ganzen Tag in ihrer ungeteilten gleißenden Schönheit am Himmel hängen. Kichernde, lachende, fröhliche junge Mädchen stürmten voller Erwartung den Bus, der sie in die erhabene Welt der Berge entführen sollte.

Im Bus wurde falsch, aber mit Inbrunst gesungen. Ein Fresspaket sorgte dafür, dass man nicht verhungerte und ein gut gelaunter Busfahrer fungierte als ebenso gut gelaunter Fremdenführer. Wir erfuhren zu unserem Erstaunen, das es auf der ganzen Welt „Tee gern Seher" gibt, nicht nur am Tegernsee. Auch in New York kann man beispielsweise beobachten, dass ein einsamer Mann oder eine feinsinnige Dame tief in ihr Glas schaut und die Welt um sich herum vergisst. Das sind dann heimwehkranke Teegernseher! Sepp, so sollten wir den Chauffeur nennen, lehrte uns auch bayerische Worte, vor allem solche, die deftig klangen und sich zum Schimpfen wunderbar eigneten. Ach, es war zu schön! Mein Traum erfüllte sich praktisch sofort, denn ich hatte in der letzten Nacht geträumt, ich sei ins Ausland gereist. Im Traum hatte ich mich jedoch zwicken wollen, damit ich auf keinen Fall vergaß, Geld umzutauschen. Aber, welche Freude, hier und heute war das überhaupt nicht erforderlich.

Der Tag hatte zwar nur Höhepunkte, aber die Luft, welche wir auf dem Wallberg atmen konnten, die hatte es in sich. So viel Frische! Nachdem wir das Gipfelkreuz erklommen hatten, gab es eine Schneeballschlacht. Das wurde zünftig für die Daheimgebliebenen durch Fotos dokumentiert. Den Berg besiegten wir mittels einer Seilbahn, sonst hätten wir zu viel Zeit verloren.

Natürlich kam auch die Kultur nicht zu kurz. Für die hatte der bayerische Märchenkönig, Ludwig der Zweite schon vor hundert Jahren gesorgt. Damals ruinierte er zwar mit seiner Schlösserbaumanie den Staatshaushalt, aber das ist lange her. Die heutigen Leute sind stolz auf ihn, und das Geld wäre eh ausgegeben.

Nach Linderhof kam Kloster Ettal, auch so ein Prachtbau Diesmal für Mönche, und, so geht die Mär, auch für auserwählte Schüler.

„Beim Alpenglühen heimwärts wir ziehen"... Es glühte wirklich alles. Die Sonne ging blutrot unter, wie in einem besonders schönen Kitschfilm. Wir lernten auch prompt ein neues Lied. In wohliger Müdigkeit an den Mantel oder auch an die Schulter der Nachbarin gekuschelt, ging ein harmonischer Tag zu Ende.

Es gibt sie tatsächlich, die Berge!

Am nächsten Abend hat Gisela, die mir schräg gegenüber oben in der Ecke schläft, Kopfschmerzen. Erst mal meint sie, die gehen schon vorbei, wir sollten nur nicht so viel schwätzen. Schweren Herzens wird geflüstert. Aber auch das hilft nichts. Wir klingeln unsere Floh herbei. Hurtig, die Haare schon in Lockenwicklern, kommt sie angesegelt. Ein Glas Wasser, zwei Tabletten, eine für jetzt und eine für später, falls es nicht besser wird mit dem Kopfweh, werden auf dem Nachttisch abgestellt.

„Gute Nacht, schlaft gut!" Damit knipst Fräulein Floh das Licht aus und ihre Schritte verhallen im Flur.

Die Nacht ging irgendwie rum, auch für Gisela, aber sie sieht sehr schlecht aus und ihr ist nicht zum Aufstehen und schon gar nicht nach Frühsport zumute. Wir beschließen, dass Gisela den heutigen Tag im Bett verbringen soll. Fürsorglich schneiden und streichen wir ihr Frühstücksbrote und servieren ihr dazu noch mal zwei Schmerztabletten und den unumgänglichen Tee, der traditionell nach eingeschlafenen Füssen schmeckt. Jetzt schläft sie. Wie jung sie wirkt, so in ihr Bett verkrochen. Dabei hat sie die Achtzehn schon überschritten. Nur die dunklen, kurz geschnittenen Locken lugen ordentlich und diszipliniert aus den Federn. Marion und ich verziehen uns wieder und hoffen, dass es Gisela bald wieder gut geht.

Gisela hat uns erzählt, dass ihre Patentante eine bekannte Schauspielerin ist. Eine echte Tragödin, die sogar so klassische Rollen spielt, in denen sie einem Sünder von Format, nämlich dem Dr. Faust, vergibt. Das heißt, sie schwebt mit den himmlischen Heerscharen singend und Rosen streuend herab zur Erde, empfängt Fausts Seele und verkündet dessen Erlösung. Und damit ist es aus mit dem Faust. Im Fernsehen ist die Dame auch manchmal zu sehen. Da spielt sie zwar Hauptrollen, aber immer recht düstere. Klassische halt!

Bei uns hat die Langeweile keine Chance. Trotz der geheiligten Mittagsruhe, an die wir uns mittlerweile so gewöhnt haben, dass die meisten versehentlich sogar schlafen, erholen wir uns so ganz nebenbei. Es ist aber auch immer was los. Beispielsweise heißt es eines Tages:

„Morgen Abend nach dem Essen geht es zum Lumpenball."

„Was, wo, wann?" beginnt das aufgeregte Geschnatter.

„Im Speisesaal, aber vorher wird noch zünftig dekoriert!"

Da keine von uns auf so etwas vorbereitet ist, also niemand ein entsprechendes Kostüm dabei hat, werden die Klamotten einfach umfunktioniert. Ich habe aus meiner Turnhose mittels eines mitgebrachten Gummibands eine Pumphose gemacht. Eine weiße Bluse dient als Hemd. Die warmen blauen Strumpfhosen ziehe ich deshalb an, weil sie nur ganz wenige Laufmaschen haben. Die kann man nämlich unter der Fußsohle mit Nagellack am Weiterlaufen stoppen. Meinen blauen Rock befestige ich an der Bluse, so habe ich einen eleganten Umhang. Dann wird die passende Schminke ins Gesicht gekleistert, ein schickes Bärtchen angemalt, und ein waschechter Robin Hood ist geboren. Da die Damen in einer doch recht beachtlichen Überzahl vorhanden sind, ist die Gegenwart eines zwar etwas zu kurz geratenen, aber dennoch edlen Räubers, sehr erwünscht. Er gaukelt halt was Männliches vor. Unterstützt werde ich auf diesem Gebiet von der ziemlich großen Hilde aus unserem Zimmer. Die gibt den Störtebeker. Da der Pirat praktisch ein Landsmann von ihr war, wirkt sie auch recht überzeugend. Erfreulich ist es auch, den kreuzfidelen Clown anzuschauen, hinter dem sich Gisela verbirgt. Es treten sogar falsche bayerische Burschen und Mädchen auf. Der Fantasie sind keinerlei Grenzen gesetzt.

Die Limonade, sauer, aber gesund, fließt in Strömen und die Stimmung ist entsprechend fröhlich und ausgelassen. Sie wird zusätzlich angeheizt von Freddy, der mit seiner „Mary Anne" untergeht oder sonst irgendwie mit seiner Gitarre um die Wette schluchzt. Der alte Plattenspieler, den Fräulein Floh auf dem Dachboden zwischen anderen Hinterlassenschaften ihrer Vorgänger gefunden hat, hat zu tun. Er ächzt auch ganz schön. Kein Wunder bei all dem wundervollen Kitsch, den er zu bewältigen hat. Es wird getanzt und gelacht bis Mitternacht. Ein richtig schöner Lumpenball. Und das alles ohne Männer.

Es schneit. Auf den Straßen, von den Sonnenstrahlen gekitzelt, wird der Schnee zu Matsch, um bald darauf gänzlich zu verschwinden. Aber nicht auf den Feldern und Hügeln. Da deckt der Schnee alles Hässliche zu und sorgt für die perfekte Illusion von Reinheit. Klasse, dass die Straßen frei sind. Das heißt, wir können noch einen Ausflug machen. Ab geht's! Viele berühmte Orte stehen auf dem Plan. Was man da alles zuhause zu erzählen hat!

In Garmisch machen wir einen Bogen um die Partnachklamm, die ist um diese Jahreszeit wegen des erhöhten Sicherheitsrisikos geschlossen ist. Aber die Reste von Hitlers Winterolympiade sind gut zu besichtigen. Die Anlagen werden sogar noch von Sportlern benutzt. Die Sprungschanze wurde sozusagen entnazifiziert. Die frisch überpuderten Berge sind uns heute recht nah gerückt, oder wir ihnen, wie man es nimmt. Auch die Seen, an denen wir langsam vorbeifahren (langsam, damit wir sie auch gründlich anschauen können), glänzen und glitzern im Sonnenlicht.

In Mittenwald werden die wunderschönen Häuser bewundert. Diese erzählen die Geschichte der Stadt und ihrer Bewohner auf ganz besondere Art. Nämlich in bunten Bildern.

Heute gibt es kein Fresspaket, die Küche macht den ganzen Tag frei! Da das Mittagsläuten vorüber ist, ist es auch aus mit der Weißwurst. Höre ich da ein Gottseidank? Ich denke es jedenfalls. Leberkäse mit Spiegelei ist auch ein Nationalgericht und das schmeckt allen. Besonders wenn es mit einem kleinen Bier heruntergespült wird. Ein kleines Bier ist erlaubt, da wir in Bayern sind und das Bier hier als Nahrung gilt. Flüssig zwar, aber immerhin, ein Lebensmittel.

In Oberammergau lassen wir uns in die Geheimnisse der alle zehn Jahre stattfindenden Passionsspiele einweihen. Dazu bestaunen wir die Herrgottsschnitzer, die dort seit Generationen am Abendmahl herumwerkeln. Schön sind die Schnitzereien, auch die vom amtierenden Jesus, der eine große Werkstatt sein eigen nennt und ein noch größeres Ladengeschäft betreibt. Na, was soll's, der richtige Jesus, der Gesalbte nämlich, war ein

Zimmermann, hat also auch in Holz gemacht. Aber ich kann mir nicht vorstellen, dass er solche horrenden Preise nahm. Wenn ich mich recht erinnere, vertrieb Christus sogar die Wucherer aus dem Tempel. Naja, die Zeiten ändern sich!

Giselas Kopfschmerzen sind wieder gekommen. Schlimmer denn je, und nichts half, nicht mal der Doktor, der zu später Stunde geholt werden musste. Schreien konnte sie nicht, dazu hatte sie keine Kraft mehr. Sie wimmerte aber in einem fort so kläglich vor sich hin, dass es einem das Herz zeriss Um sie nicht noch mehr zu belasten, unterdrückten wir in stillschweigendem Einverständnis alle natürlichen und unnatürlichen Geräusche. Selbst das Atmen.

Das hier war kein handfester Liebeskummer, den man zur Not zerreden kann. Oder ein gebrochener Arm, wie ihn manche Leute in angeberischer Manier als Souvenir mit nach Hause bringen.

Dies hier war teuflisch! Das arme Mädchen, das so leiden musste und die armen Mädchen, die selbst so vollkommen hilflos waren, weil sie überhaupt nicht helfen konnten.

Der Arzt kramte in seiner Tasche und förderte schließlich eine Spritze zutage. Ich wandte mich ab und fand mich schon deshalb furchtbar feige! Doch dieses Marterinstrument verhalf Gisela endlich ins Traumland, in welchem hoffentlich nicht solche Dämonen hausten wie in der Wirklichkeit.

Im Krankenhaus konnte man die Schmerzen in den Griff kriegen, aber die Diagnose war niederschmetternd. Nach etlichen Untersuchungen hieß es, Gisela habe einen Tumor. Sobald es irgendwie ging, verfrachtete man sie nach Hause, nach Bremen. Ihre berühmte Tante, die gerade an den Münchner Kammerspielen gastierte, holte persönlich ihre Sachen ab. So lernte unser Zimmer die Schauspielerin sogar kennen, wenn auch nur flüchtig. Diese Dame hatte überhaupt nichts Furchterregendes an sich. Es war direkt enttäuschend, denn sie sah im Naturzustand, also ungeschminkt, wie eine ganz normale Frau in mittlerem Alter aus. Die Krankheit ihrer Nichte hatte sie sehr mitgenommen, das fiel auf. Sonst wirkte sie recht zurückhaltend, aber freundlich, wortkarg und unverbindlich. Sie begleitete Gisela ins ferne Bremen. Und wir alle hatten ein gutes Gefühl dabei.

Der Zug kämpfte sich durch den Nebel, der seinerseits die Landschaft verschluckte. Angelika summte leise die Melodien der Abschiedslieder, die wir noch gestern Abend im Kreise der Freundinnen gesungen hatten. Es war eine gute Gemeinschaft. Wir hatten uns untereinander so viel erzählt, diskutiert und philosophiert, zusammen gelacht, rumgealbert und uns übermütige Streiche gespielt. Aber wir hatten auch miteinander geweint. Nicht zuletzt beim Abschiednehmen. Wie viele Untiefen hatten wir zusammen ausgelotet. Fräulein Floh hatte sich verstohlen ein paar Tränen weggewischt und zugegeben, dass sie noch niemals eine Gruppe wie die unsere betreut hätte. Jede Einzelne hatte das Gefühl, eine Gemeinschaft zu verlassen, die sie als solche niemals wieder erleben würde. Diese harmonische Kameradschaft an der Schwelle des Erwachsenwerdens war ein Geschenk, das wir alle tief in unseren Herzen bewahrten. Jetzt brachten wir es in den beruflichen Alltag ein und zogen daraus die Kraft zur täglichen Bewältigung desselben.

Heute Morgen in München am Hauptbahnhof gab es noch einmal Tränen. Dort verabschiedeten wir uns von den Mädchen, die eine noch längere Reise als wir vor sich hatten. Sie reisten in den Norden, die blonde Herle sogar bis in das raue Westerland

Das Ziel von Angelika, der einstigen stolzen Römerin, von Edeltraut, dem Irrwisch, meiner Wenigkeit und der waschechten Frankfurterin Christiane, ist Frankfurt, die alte Handelsstadt im Herzen Deutschlands! Dort sollten unsere Angehörigen uns in Empfang nehmen. Immerhin konnten wir uns noch ein bisschen in München selbst umsehen, da wir dort drei Stunden Aufenthalt hatten. Praktisch ist es da schon, dass der Bahnhof mitten in der Stadt ist. Da lohnt es sich wirklich, in München herum zu rennen.

Da ist mal das Wahrzeichen Münchens, die Frauenkirche mit den interessanten Zwiebeltürmen. Der im fünfzehnten Jahrhundert erbaute Dom beherbergt eine Menge von wunderbaren Kunstwerken aus den verschiedensten Epochen. Gestiftet wurden diese von reuigen Sündern. Die Stadt war reich an Sündern und die Reichen konnten sich ihre Sünden leisten. Sie zahlten und entgingen so dem Höllenfeuer! Ein armer Sünder ist also wesentlich schlechter dran als ein reicher. Dabei wimmelt es nur so von armen Sündern auf der Welt.

Nicht umsonst gibt es hier einen Fußabdruck des Leibhaftigen. Der Teufel soll einst fürchterlich gelacht haben, weil er in dem neu erbauten Gotteshaus kein einziges Fenster sah. Der Satan stampfte bei seinem verrückten Freudentanz auch noch so fest auf, dass sein Fußabdruck über die Jahrhunderte erhalten blieb. Aber, das Teufelsgelächter erstarb, als er einen Schritt weiterging. Denn da tauchten die schönsten Fenster, die man sich vorstellen kann, doch noch auf, und das Sonnenlicht durchflutete die Kirche. Wie könnte es anders sein, der Teufel nahm Reißaus, nicht ohne eine stinkende Schwefelspur zu hinterlassen. Ich glaube, das ist kein Einzelfall, das mit dem Teufel. Man hört doch von so vielen Kirchen, dass sie es mit dem Teufel haben, oder der Teufel mit ihnen. Und, wie könnte es anders sein, der gefallene Engel zieht in der Regel doch meistens den Kürzeren!

Das weltberühmte Hofbräuhaus hat mich aber ziemlich enttäuscht. Es sieht nach Massenabfertigung aus und riecht so stark nach Bier, dass man alleine vom Geruch schon einen Schwips kriegen kann. Abgestandener Tabakrauch hängt zusätzlich in der Luft. Man riecht auch noch den Urin vergangener Jahrhunderte, sozusagen fossiles Pipi. Aber die Abflussrinnen von einst sind Geschichte. Heute gibt es dafür Toiletten im Hofbräuhaus und die sind durch ein Dirndl und eine Lederhose gekennzeichnet. Also streng nach Geschlechtern getrennt.

Bayerns Metropole ist im Übrigen sehr liebenswert Jedenfalls das, was man davon im Schnelldurchlauf sehen kann. Tatsächlich hat München ein internationales Flair. Doch das glaubt man kaum, wenn man so wie wir justament aus dem bayerischen Hinterland kommt.

Nach der Stadtbesichtigung waren wir, die fidelen vier, doch müde vom Pflastertreten und froh über das gemütliche Abteil, in dem wir uns so richtig ausbreiten konnten.

Wir hatten Platzkarten!

Christiane gähnte und guckte lieb aus der Wäsche. Sie sieht tatsächlich so aus, wie ich mir immer ein originalgetreues Frankfurter Schlüppchen (Schleifchen) vorgestellt habe. Samtbraune Augen beherrschen ein ebenmäßiges, leicht herzförmiges Gesicht, das von halblangen braunen Locken umrahmt wird. Dazu die Stimmlage, die von einem ganz leichten, aber unverwechselbaren Dialekt geprägt ist. Vielleicht stelle ich mir die Frankfurterin generell so vor, da meine junge Tante Renate auch so ein Typ ist – und Frankfurterin!

Der Alois, das Faktotum und der einzige Mann, der permanent da war, (ach, da war ja noch sein Hund, soviel ich weiß, war der auch männlich), bleibt dem Bergerhof erhalten. Alle anderen Spuren verwehen. Doch auch die Spuren derer verwehen, die nach uns kommen. Das ist ein Trost. Aber wie schön war es doch, wenn Alois abends seine Zither ausgepackt und gespielt hat. Es hatte so etwas Wehmütiges an sich. Vera Sander hat sich oft neben ihn in Positur gestellt, und die passenden Liedchen dazu geträllert.

Vera will ihre Lehre an den Nagel hängen, denn sie hat sich neu entdeckt. Ab dem folgenden Semester studiert sie Medizin. Bis jetzt lernte sie, wie man in den Entwicklungsländern Kaffee einkauft, und wo der Pfeffer wächst. In ein paar Jahren, nach Beendigung der Ausbildung, möchte sie in diesen Ländern als Ärztin wirken. Ob sie im heißen Afrika auch in selbst gestrickten Klamotten rum läuft? Hier jedenfalls ist alles, was sie trägt, von der Mütze mit passenden Ohrenschützern bis hin zur Fußbekleidung Marke Eigenbau, aber sauber und ordentlich gestrickt! Sie muss nämlich ihre Finger ständig in Bewegung halten. Gar nicht so schlecht bei einer zukünftigen Frau Doktor!

Was für Vera Afrika, ist für Herle Hamburg. Das hübsche Mädchen aus dem schicken Westerland auf Sylt kennt nur einen Traum: eine Stellung in der alten Hansestadt. Raus aus der zwar feinen, aber kleinen Stadt, rein in die Großstadt! In Westerland kennt jeder jeden seit Generationen. Herle muss beispielsweise einen Herrn Asmussen brieflich mit „Sehr geehrter Herr" anreden und mit „Hochachtungsvoll" grüßen. Dabei weiß sie ganz genau, dass dieser „Stinkstiebel" der Große von damals ist, der sie dauernd auf dem Pausenhof geärgert hat. Da ist es schon schöner, wenn man unerkannt durch die Straßen gehen kann. Blond sind die meisten Mädchen auch in Hamburg.

Auch Edith will raus, raus aus dem Elternhaus. Sie hat nämlich das, was man eine klassisch-böse Stiefmutter nennt. Edith hat eine gewisse Ähnlichkeit mit der schönsten Hummelfigur, die es gibt, dem tönernen Mädchen mit dem Kopftuch. Das Hummelmädchen ist so feinfühlig und tiefsinnig, aber kreuzunglücklich. Hoffentlich gelingt es ihr, aus dem schikanösen Zuhause auszuziehen. Auf einer unserer Wanderungen hat sie ein besonders schönes Exemplar von einem Tannenzapfen gefunden und als Talisman an ihrem Busen verstaut. Das soll wohl der erste Einrichtungsgegenstand in ihrer neuen Wohnung werden! Ich glaube, ihr Klaus und seine Eltern helfen ihr bei der Wohnungssuche. Der Tannenzapfen und der Klaus geben ihr Halt und die nötige Zuversicht, Das glauben wir, die wir das Hummelmädchen kennen und gern haben, ganz fest. Mit Edith will ich unbedingt in Verbindung bleiben, ebenso mit Heidrun.

Heidrun ist ganz normal, nur schrecklich nervös. Durch diese Nervosität hat sie immer Kopfschmerzen. Trotzdem lacht, beziehungsweise lächelt sie in allen Lebenslagen. Wenn sie zornig ist, lächelt sie böse, ist sie traurig, lächelt sie schmerzlich, wenn sie sich gut drauf fühlt, wird auch schon mal ein herzhaftes

Gegrinse draus. Und, wenn ich mit ihr rede, hat ihr Lächeln immer so etwas Verzeihendes, Nachsichtiges.

Alarmstufe Rot herrscht allerdings, wenn ihr Lächeln auf ihren Zügen fest gefroren ist. Heidrun ist eben der Ansicht, ein Lächeln passt immer und überall hin, in jeder Lebenslage, und wenn die Welt gerade untergeht!

Da draußen wütet der Novemberwind und reißt die letzten Blätter von den Bäumen. Man sollte meinen, die Bäume frieren in ihrer Nacktheit und sehnen den Schnee herbei, der sie zudeckt und wärmt. Aber, das ist falsch. Jetzt sammeln die Bäume Kraft. Kein Blatt saugt ihre Energie mehr auf. Im Gegenteil, die Blätter treiben hilflos im Wind und verrotten zum Schluss.

Dieser Anblick macht mich nachdenklich und stimmt mich traurig. Ich muss einfach an Gisela denken, die jetzt auch all ihre Kraft braucht. Unser kleiner Kreis spricht nicht darüber, aber wir fühlen, dass viele gute Gedanken um Gisela kreisen, und manches Gebet im Stillen für sie gesprochen wird. Wir tun das auch.

Der Zug fährt pünktlich in die riesige Bahnhofshalle, die noch aus dem vorigen Jahrhundert stammt, ein. Der letzte Abschied ist gekommen.

Mama umarmt mich, sie hat mich sofort wieder erkannt:

„Du hast zugenommen, Kind! Gut siehst Du aus! War es denn schön?" *(Da fehlt doch was, ach richtig: „Du bist gewachsen!")*

„O ja, sehr schön, ach, es gibt so viel zu erzählen!"

Dankbar kuschele ich mich an meine Mutter. Es tut gut, nach Hause zu kommen.

Folgeband der Lockenkopf Serie:

LOCKENKOPF IV
Auch kleine Dinge
machen glücklich
Ursula Essling

Made in the USA
Monee, IL
07 July 2026